花園大学発達障害セミナー 4

発達障害支援の可能性

こころとこころの結び目

花園大学心理カウンセリングセンター 監修
橋本和明 編

滝川一廣
上野一彦
鯨岡 峻
大島吉晴
小海宏之

創元社

まえがき

　まったくの私事で恐縮なのですが、仕事が多忙を極めてくると、自分の認知のあり方が少し通常とはズレてくるように感じることがあります。大きなミスこそないのが幸いしていますが、計画しておいたように身動きがとれなくなり、予定の変更を余儀なくされてしまうことすらあります。また、人の話を聴いているつもりでも、それが知らぬ間に記憶から飛んでしまい、思わぬ失態を招くこともあります。そして、それがますますひどくなると、イライラ感が募り、人とのコミュニケーションにおいてもどこか棘のある話し方をしている自分に気づくことも……。

　そんな自分を振り返ると、いくつもの項目において発達障害の特性がおおいに当てはまっていると感じます。初めからその仕事のタイムリミットはわかっているはずなのに、その見通しの悪さゆえに、いつもせかされた仕事となってしまいます。あるいは、山のような仕事でたいへんな状況のときに限って、なぜだか急がされている仕事を後回しにしてしまいます。通常なら期限が迫っているものから片付けていく、期限が同時期なら比較的容易にできるものから手をつけて仕上げていく、というのがいわば定石です。しかし、その優先順位の付け方を誤ってしまい、結局はあっちもこっちも手をつけて行き詰まってしまうのです。もはやそこまで行くと、どこか物事への認知のあり方に不具合が出ているのかもしれません。

発達障害の特性をスペクトラムで捉える考え方があります。つまり、その特性については程度の差こそあれ、誰しももっているもので、定型発達の人と連続線上にあるというわけです。私はその考えに賛同しますし、そう考えた方が適切なアプローチが見いだせるようにも思っています。ただ、仮に同じ特性をもっていたとしても、その人の置かれた状況いかんによって、特性が際立って現れたり、逆にあまり目立たなかったりすることも確かです。私の先に述べた体験は、まさにそんなことを物語っているようです。だからこそ、あらためて発達障害を抱えている人の環境整備はとても重要なことだと思いますし、彼らの周囲にいる家族や仲間の存在のあり方が特性の出方を左右すると言ってもいいのかもしれません。

　その環境の一つでもある時間を例に取りましょう。
　現代は時間に追われ、日常生活においては大人も子どももどこか心に余裕をもてない時代になってきているように思えます。昔と比べると、どこか気持ちがせかされているように感じるのは私だけではないと思います。その原因もたくさん挙げられます。通信手段一つとっても、以前は手紙での時間をかけたやりとりであったものが、今や携帯電話やメールの普及で、即答性というスピードが何より問われることになります。以前でしたら、手紙を書くに当たって最初のあいさつ文に始まって、近況、本題と移り、最後にはやはりあいさつ文で締めくくられます。そして、便せんを封筒に入れて、宛名を書き、切手を貼って投函します。返事を待つにしても、先方に手紙が届いたかどうか、どんな返事が戻ってくるのかとこちらは気にかけながら、早くても数日以上はその時間を要するわけです。それに比べて、メールはどうでしょうか。クリックすると、ほぼ同時に相手に送信され、早ければ数秒で返事が戻って来てしまいます。確かに反応の早さは手紙とは段違いですが、目に見えない相手のことをどれだけ時間をかけて頭のなかで思い浮かべたかというと、それは手紙の方がそれに費やす時間

ははるかに大きいでしょう。

　私は決して携帯電話やメールが望ましくないと言っているわけではありません。使用するツールや社会そのものの構造の変化によって、現代人は今までと比べて相当に時間感覚が違ってきているということを言いたいのです。また、そのことを現代人はもっと自覚せねばならないとの思いもあります。つまり、私が体験したような認知のあり方のズレや対人関係面におけるぎこちなさが、時間との関係においてさまざまなところで生じてきています。それを自覚しないまま過ごしてしまうことほどやっかいなことはありません。若い世代で、携帯電話やメールしか知らない場合は、認知のズレやぎこちなさがあったとしても当たり前のように感じ取って生きているのかもしれませんが、そうではない物の見方、コミュニケーションのあり方を先輩の世代は工夫をしながら伝えていかなければならないのではないでしょうか。時代が変わり社会が変わったとしても、それがこれまでからも行われてきたはずです。その大きな役割を担っていたのが"文化"とも言えるでしょう。

　発達障害が近年は増えてきている理由がいろいろな角度から議論されています。私としては、その理由の一つに、この現代人の生活の忙しさや心の余裕のなさを挙げる必要があると考えています。物事をしっかり見つめ、地に足がつく着実な生活をし、人との交流を心から楽しめ、しかも余韻を残しながらつながっておれるといった感覚が、われわれ一人一人に必要です。そんなことは現代ではもはや無いものねだりだと指摘されるかもしれませんが、せめてそんな視点をもって、子どもたちや周囲の人たちとひとときでも接することを心がけたいものです。

本書は、花園大学心理カウンセリングセンターにおける発達障害セミナーでの講演録を書籍化したものです。このシリーズでは四作目となり、今回は「発達障害支援の可能性」をテーマに企画しました。発達障害への取り組みにはまだまだいろんな課題を残しながらも、十年前と比べると少しは光が差し込んできているように感じられます。これからもまだ光が当たっていない部分に焦点を当てながら、それこそ見通しのもてる実感を一人でも多くの人と確かめ合っていきたいと思っています。

　最後に、創元社の津田敏之さんと宮﨑友見子さんにはずいぶんお世話になりました。特に津田さんには、シリーズ第一作目から今回まで、セミナーに毎回足を運んでいただき、あたたかく見守っていただきました。そして、適切な助言や励ましも頂戴し、どれほど勇気づけられたかと今さらながらに思います。本当に感謝申し上げます。

2012年5月　ツツジの咲く京都にて
花園大学心理カウンセリングセンター副センター長
橋本　和明

　　　　　　　　目　次

まえがき

第1講　**これからの発達障害を考える**
　　　　　　　　　　　　　　　　　　　　　　　滝川　一廣　3

　取り組みと問題点　　精神発達とは何か　　精神発達のプロセス　　精神発達の遅れた場合　　おわりに

第2講　**LDの明日を語る**
　　　──発達障害と特別支援教育のなかで　　　上野　一彦　39

　LD概念の登場　　わが国の特別支援教育　　特殊教育から特別支援教育への転換　　LDの理解の仕方　　支援に対するさまざまな変化　　まとめ

第3講　共に生きるための関係発達臨床
——「子どもは育てられて育つ」という素朴な考え方に立ち還って　鯨岡　峻　67

新しい発達論の構築に向けて　子どもの心の育ちに定位する　各自の〈自分の心〉は共に生きる他者たちとの関係のなかで変容する　「子どもを主体として育てる」とは　「子どもを育てる」ということに含まれる二面の働き　「障碍」とは何かを考える　発達初期に現れる障碍は、発達性の障碍と関係性の障碍を必ず随伴する　高機能自閉症の子どもの事例から

第4講　発達障害児の見立てと支援について
——心理アセスメントと支援のポイント　　　　大島吉晴　107

適切な見立てのための検査バッテリーについて　心理検査実施時の留意点について　見立てのポイント　支援のポイント　向き合い上のポイント　おわりに

第5講　発達障害児の心理アセスメント
——脳機能との関連について　　　　　　　　　小海宏之　123

成人の脳機能および高次脳機能障害　発達障害に関連する近年の脳機能研究　脳機能の基礎知識　WISCの下位検査と脳機能との関連について　おわりに

装丁　上野かおる

発達障害支援の可能性

―― こころとこころの結び目 ――

第1講

これからの発達障害を考える

滝川　一廣

ここでのテーマにはいろいろな意味があると思います。親から言えば、「この子の将来はどうなるのか？」が"これから"の一番のポイントでしょう。もう少し広く社会全体で考えれば、「発達障害と呼ばれている方々を社会はどう捉え、支援の仕組みをどう作り上げていくか？　社会全体としてどうなるのがよいのか？」、これが"これから"の考えどころになると思います。そして研究的な立場から言えば、「発達障害の研究は、今後どんな方向に進むのか？　今どこまでわかって何がわからなくて、どうすればわかるようになるのか？　今まで取り組んできた研究のあり方はこのままでよいのか？　もっと新しい方法や視点は必要ないのか？」、こうしたことが、学問研究的な立場からの"これから"になると思います。それぞれ、どれも大事なことです。

取り組みと問題点

発達障害の診断

現在、発達障害に対する学問的研究や臨床的な取り組みを考えたとき、二つの問題にぶつかっていると考えられます。一つは「診断」の問題です。私たちは発達障害をいくつかに種類分けして、知的障害、自閉症、アスペルガー症候群、ADHD、LD等々に分類して捉え分けていますが、はたしてこの捉え分けはどこまで妥当なのでしょうか。

教科書ではクリアカットに分けられていますが、実際の現場でお

子さん方にかかわっていると、そんなにきれいに分かれないことに気がつきます。「これはLDです」「これは自閉症です」という診断が、どこまで一人ひとりの子どものあり方を正しく映し出しているのか、その子どもたちの理解においてどこまで深い理解になっているのか。診断の問題が、これから考えていかねばならない大きな問題になります。

　実際、色々な医療機関や相談機関に行くと、行った先々で診断が違っているということが見られます。学問的には、ICDやDSMなど綿密に作られた操作的診断できちんと診断すれば誰がどこで診断しても診断は一致するたて前になっています。しかし、それはあくまでたて前であって、一人ひとりの子どもを前にすると、専門家によって診断がずれることが少なくありません。また、3歳のときに何々障害ですと診断された子が、6歳で診てもらうと診断が変わり、18歳ではまた変わるといった場合もあります。

　これはどういう問題なのでしょうか。たて前でいえば、それぞれ別の障害ですから、それが途中で変わることはないはずです。だから、早期診断が大事で、早く診断名を告知しましょうとなっています。けれども現実には、年齢が進むと、以前に告知された診断名が変わることも起こり、「あの告知は何だったのか」となります。このような診断について、これからどう考えていけばよいのでしょうか。

　発達障害という概念
　もうひとつは、「〈発達障害〉という名前あるいは概念が何を指すか？」です。〈発達障害〉と名づけているのですから、「発達上の何らかの障害」というのが基本的な共通認識になっているでしょう。ところが多くの〈発達障害〉の研究を見ると、「精神発達」と照らし合わせた研究があまり進んでいないようです。特に医学的研究が

そうです。脳のこの辺りに問題があって障害が現れるのではないかとか、この障害特徴と脳のこの部分の機能不全が関連しているのではないかとか、脳のあり方と障害のあり方をじかに対応させて〈発達障害〉という概念を捉えようとするのが、今の医学的研究のコンセプトです。DNAの配列と障害との関係を追究するとか。これらを詳しく調べるのは、もちろん大きな意味のあることです。

　けれども、〈発達障害〉といいながら、「発達の障害」としてではなく「脳の障害」として捉えるだけでは、その子どもたちの日々の生活のあり方、その子どもたちなりに成長・発達してゆく道筋を捉えて、そのサポートを具体的に探るうえでは不十分ではないでしょうか。"これから"の方向としては、脳の働きと照らし合わせるだけではなく、精神発達のプロセスのなかで発達障害を捉えていく発達論的な視点が大事になると思います。

精神発達とは何か

　脳の何らかの機能不全というのが医学的な〈発達障害〉の概念ですが、発達論的な視点から〈発達障害〉を定義すれば、「精神発達の何らかの遅れ」と言うことができます。これを基本的な視点として、私の発達障害に対する考えをお話しさせていただきます。まず精神発達とは何かというところから始めて、それを踏まえて〈発達障害〉の理解に進みたいと思います。

精神発達の基本構造
【認識と関係】　赤ちゃんは十月十日お腹の中にいます。腹の中で、４ヵ月ぐらいから聴覚・視覚、いろんな身体感覚や運動能力が芽生えてきます。とはいえ、お腹の中にいる間の赤ちゃんは、私たちが

生きているこの世界については何も知りません。何も知らないし、何のかかわりもなく、子宮内で独りきりで生きています。その赤ちゃんがまったくかかわりのなかった未知の世界に突然産み落とされるのですから、これは大変なことです。私たちがあるとき、今までかかわったこともなければ見たことも聞いたこともない世界に急に放り出されたら、と想像すればわかりましょう。

　そこで、赤ちゃんには二つの仕事が必要になります。一つは、その未知の世界がどんな世界かを知っていくことです。少し難しい言葉を使えば、世界を「認識」していくことが赤ちゃんの大きな仕事になります。しかし、私たちはただ知っているだけでは生きていけない。その世界とかかわりをもっていかなければいけない。直接世界に働きかけたり、世界からの働きかけを受けとめたり、すなわち世界と「関係」を結んでいかねばなりません。赤ちゃんは、未知だった人間世界を少しずつ認識し、少しずつ関係を結んでいきます。この「認識」と「関係」の二つの発達の歩みからなるのが、精神発達の構造だと捉えることができます。

　【人間にとっての世界】　ここまでなら、人間の赤ちゃんだけではなく、鳥のヒナでも昆虫でも魚でもみんなそうです。孵化したときに、今までまったく知らなかった世界に出会って、虫なら虫の知り方、かかわり方でかかわっていかなければならない。ただ多くの虫とか魚とか鳥にとっては、これから知って、かかわっていく世界は物質として存在している天然自然の世界です。物質的な世界を物質的に捉えてフィジカルにかかわっていく。これが多くの生物の生き方です。

　ところが、人間の生きる世界は物質だけの世界ではありません。私たちの世界は「意味（概念）」や「約束（規範）」から構成されています。たとえば、喉が渇いたなら、水を舐めたり飲んだりする。そこまでは人間も猫や犬でも同じですけれども、ただ犬や猫はこれ

図1

が「ペットボトル」という飲み物を入れるための物で、なかに入っているのは「水」と呼ばれる物だというふうには捉えてはいません。人間だけがこのような意味や約束を通して世界を捉えていますが、意味や約束はあらかじめ自然界にあったものではありません。人間自身が社会的・文化的に長い歴史をかけて創り上げてきたものです。赤ちゃんが認識していく世界、関係していく世界はそういうものによって構成された「人間世界」です。精神発達は、そういう世界を赤ちゃんが知っていく、そういう世界と赤ちゃんがかかわりを作っていく歩みだと考えればよいと思います。

　【知覚・認知・認識】　ここにひとつの情景があります【図1】。この情景を見れば、そこからさまざまな色や形が目に飛び込んできます。このように、感覚器官を通して外界からの刺激をキャッチすることを、「知覚」と呼びます。

　さらに私たちは、この場面をただ多彩な光刺激の集まりと「知覚」するだけでなく、たとえば、このなかの黄色っぽい三角形のモノと、その下にある白い円盤状のモノとを別々のまとまりとして捉えわけています。そこにはネズミがいますが、ネズミも両者をちゃんと捉えわけていることは、三角形のモノは熱心にかじるけれども、その下のまるいモノには見向きしないことでわかります。このように知覚を手がかりに外界を捉えわける（分節化する）ことを、ここでは「認知」と呼びましょう。

　しかしネズミは、白いモノは「皿」と呼ばれる食物をのせる道具、黄色いモノは「チーズケーキ」と呼ばれる食品の一種、という概念的な捉えわけはしていないでしょう。あくまで感覚器を通した直接的な知覚によって「認知的」に外界を捉えわけ、そういうやり方でネズミ流に世界を知り、世界とかかわっています。

これに対して、これは「チーズケーキ」といって食品である、これは「コーヒーカップ」というコーヒーを飲むための器であるというように意味や約束を通して外界を捉えわけることを「認識」と呼びます。このように、意味や約束を通して捉え分ける「認識」の発達が、人間の精神発達の重要な軸となります。

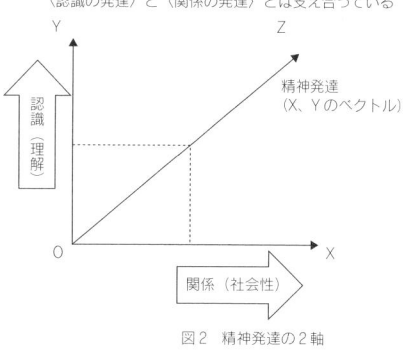

図2　精神発達の2軸

　この部屋をぐるりと見まわすだけで、机、椅子、壁、窓……といった「意味」が目に飛び込んでくるでしょう。裏返せば、私たちは直接に「知覚」したまま、そのままナマで世界を捉えることはほとんど不可能になっています。見た途端に「意味」が先に飛び込んできます。さらには、本来は無意味なインクのシミに過ぎない図を見ても、人の顔に見えたり、お面に見えたり、毛皮のじゅうたんに見えたり、私たちはそこにさえ「意味」を読み取ってしまいます。これは犬や猫には絶対に起らないことです。私たちは無意味なはずのものにも意味を読み取ってしまうほど、周りの世界を意味や約束を通して捉えわける「認識」という人間独自の体験の仕方を深く発達させているのです。

　【認識と関係の発達】　精神発達とは、生まれた赤ちゃんが周りの世界を知っていく「認識の発達」と、周りの世界とかかわっていく「関係の発達」の二つの軸からなっています。これを模式図にしてみましょう〔図2〕。図でわかるように認識の発達だけが進んだり、関係の発達だけが進んだりすることはありません。

　あの形とこの形との違いを知覚的に捉えわけて憶える「認知」の獲得だけなら、子どもは独力でも可能です。けれども、これは「マイクロフォン」というもので、これは「コップ」というもの、このマイクロフォンは「黒い色」をしているという捉え、すなわち「認

識」を獲得するためには、すでに認識を身につけている人とのかかわりが不可欠です。「認識」の発達は、すでに認識を発達させている人との「関係」に支えられて初めて進みます。

では、「関係」の発達はどうでしょうか。私たちにとって世界とのかかわりは、何よりも人との関係です。もちろん、空気を吸う、水を飲むなど世界との物質的なかかわりも不可欠ですが、人間の精神生活にとって何といっても重要なのは、人との社会的なかかわりです。いろいろな人と密接な関係をつくっていき、その関係に支えられて生きていくのが人間の生き方です。ですから「関係の発達」とは「社会性の発達」にほかなりません。

この「関係（社会性）の発達」が進むためには、認識の発達が必要になります。なぜなら、私たちの社会的な関係は、いろいろな意味づけや約束からなっているからです。こんなときはこう振る舞うべきである、人がこのように振舞ったときには背後にはこんな感情が潜んでいる、かくかくの行動は一般にしかじかの意味をもつ。このような人間の振る舞いの意味や約束を捉えわける「認識」の力が、「関係の発達」には必要なのです。

以上のように、認識と関係とは媒介しあっています。認識の発達を関係の発達が支え促し、関係の発達を認識の発達が支え促し、両者のベクトルとしてＺのライン［図2］に沿って精神発達は進んでいきます。これが精神発達のもっとも基本的な骨組みです。

人間は年齢と共に発達していきますが、年齢と正比例で発達するわけではありません。０歳代、１歳代、２歳代、最初は急速にぐんぐん伸びて、それがしだいに緩やかになって、思春期ぐらいに最後の伸びを示してほぼ歩止まりに達して、悪くいえば頭うちになっていきます。つまり「発達期」を終えるわけです。何歳くらいでそうなるかにも個人差がありますけれど、平均すれば18歳前後なので、発達心理学では18歳までを「発達期」、それ以降を「成人期」

とします。大多数の人々の発達、つまり「定型発達」の場合、この段階で、その社会における成人のマジョリティがもっている発達レベルに達していると見られます。

しかし全員がこのコースをたどれるわけではなくて、発達の歩みが速く、わりに早く社会的平均に達する子から、歩みが遅くて、あとから追いつく子まで幅のひろい個人差があります。速い遅いだけでなくて、歩みが速くてどんどん発達し、社会的平均よりずっと高いところまで達する人たちもいます。逆に歩みが遅くて、とうとう平均水準に達しないままの人たちもいます。

先ほど〈発達障害〉とは「発達の遅れ」であると記しましたが、その定義に従えば、発達の歩みがゆっくりで社会的平均に大きく達しないまま終わらざるをえない場合、それを〈発達障害〉と呼んでいると考えることができます。

　精神発達を促す力

なぜ精神発達の歩みが起きるのでしょうか。生まれた赤ちゃんはそのままでいることはなく、認識や関係をどんどんステップアップさせていくのはなぜでしょうか。なんらかのポテンシャリティ、原動力みたいな力が働いて、それが精神発達をおし進めていくと考えられます。大きく分ければ、以下の四つが、発達をおし進める動因に挙げられます。

【A】　一つは、脳の生物学的基盤です。脳の生物学的な成長の仕組みがDNAによってプログラムされていて、それが発達を促す力になります。裏返せば、先天的な障害や発達期に起きた障害によって脳に何らかの生物学的なハンディを強いられた子どもはしばしば発達が遅れます。

【B】　脳の生物学的基盤さえしっかりあれば発達が進むかといえば、そうではありません。脳の成長や活動を支える物質的な栄養が

外から与えられないといけません。さらに栄養だけでなく、物質的な刺激が入らないと脳はしかるべき成熟ができません。たとえば視中枢や視覚器に異常がなくても、生後一定期間、光刺激、視覚的な刺激を与えられなかったネズミは、物を見るという精神機能が損なわれてしまうことが実験的に知られています。外からの物質的な刺激が、精神発達を支える重要な力です。

【C】 人間の場合、以上ではまだ足りません。精神発達を遂げている人たち、つまり大人からの積極的なかかわり、働きかけがなければ、精神発達はうまく進みません。認識と関係とが媒介しあって進む精神発達の基本構造を考えれば当然でしょう。これを実証する具体的な例に、いま大きな問題となっている「幼児虐待」があります。乳幼児期における大人からのかかわりが極端に不足したり、極端に不適切な形でしか与えられなかったりした子どもは、その結果、発達的な遅れを強いられます。その事情を知らずにその子の状態像だけを横断的に見れば、ADHDの診断が当てはまったり、広汎性発達障害や学習障害が疑われたりします。このように、大人とのしかるべき関係が、子どもの精神発達にとって不可欠な力なのです。

【D】 最後の一つは、子どもの側の要因です。大人が一生懸命働きかけても、子どもの側にそれをうけとめる力や子どものほうから能動的に大人にかかわっていく力に乏しければ、やはり精神発達は遅れます。子どもが生得的にもっているこの力をフロイトは「幼児性愛 *infantile sexuality*」と呼びました。ボウルビィらの「愛着 *attachment*」も、この力を指す概念です。

これら四つが、精神発達をおし進めるポテンシャリティとなっています。AとBは、人間が生物学的な存在であることを示しており、CとDは、同時に人間が社会的・心理的存在であることを示しています。また、AとDとは個体側に属する動因で、BとCとは環

境側に属する動因です。こう考えると、発達障害（発達の遅れ）をもたらすのは、生物学的な問題か社会的・心理的な問題か、個体側の問題か環境側の問題か、という二分法の狭さがわかります。実際にはＡ×Ｂ×Ｃ×Ｄの総合力が子どもの発達を規

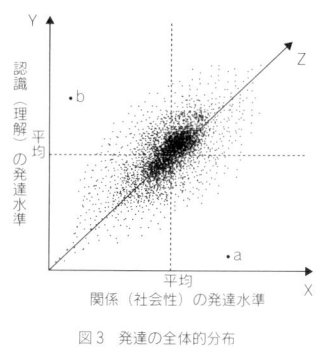

図3　発達の全体的分布

定しているのです。この総合力のどの部分に不足があっても、発達が遅れうる、つまり発達障害が生じうると言えます。逆にいえば、精神発達とは総合力の結果ですから、たとえある力に不足があっても、それを他の力でカバーすることができれば、発達の遅れを少しでも軽くする余地もあるということです。

　発達の全体的布置

　発達には幅広い個人差があります。その個人差は、さきほどの四つのポテンシャリティのあり方の差から生じます。たとえば1000人の同年齢の子どもたちを集めて、その子どもたちそれぞれの関係の発達レベルや認識の発達レベルを座標軸上にプロットしたらどんな分布が出てくるかを示しましょう〔図3〕。

　その年齢集団が平均的にもつ認識の発達水準に達している子どもたちの大部分は、その集団が平均的にもつ関係の発達水準にも達しています。認識の発達と関係の発達は支えあっているからです。マジョリティは平均レベルの周辺に集まっています（図3の破線の交点周辺）。

　けれども、1000人全員がここに集まっているわけではなく、Ｚのラインにそって個人差（個体差）の幅が生じます。平均よりもはるかに高いところまでいっている者もいます。逆に発達の足どりが遅くて平均に大きく届かないところを歩いている者もいます。認識と関係の発達は支えあっていますから、片一方だけが発達する子は

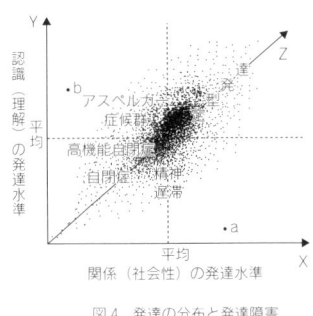

図4 発達の分布と発達障害

いません。しかし人間には得手不得手がありますから、認識の発達はしっかり進むけれども、それに比して関係の発達の足どりは遅いとか、その逆というふうにここでも個体差が現れます。ぴったりZのライン上に並ぶのではなくて、その上下にふくらみをもった細長い長円形の分布となります。平均周辺ほど人数が集まって密度が濃く、平均から外れるほど密度が疎になる星雲状の分布です。

　そして、この広い分布のなかで、認識の発達や関係の発達が平均水準に一定以上届いていないところにある人たちを〈発達障害〉と名づけていると考えることができます。どう名づけているかを示しておきます〔図4〕。認識の発達は平均から大きく遅れているけれども、関係の発達は平均に届くか平均に近いところまできている人たちを医学の言葉でいえば「精神遅滞」、福祉や教育の言葉で言えば「知的障害」と呼んでいます。どちらの発達にも大きく遅れている人たちを「自閉症」と呼んでいます。

　認識の発達は平均近くに届いているか、人によっては平均より高い水準までいっているけれども、社会性の発達、関係の発達は平均に届いていない人たちを「アスペルガー症候群」と呼んでいます。この中間あたりを「高機能自閉症」と呼ぶ研究者もいます。どちらの発達も、平均水準もしくはそれ以上のところに分布しているものを「定型発達」を呼んでいます。

　この図をみれば発達障害のお互いの位置関係がわかりやすくなり、「診断の問題」の謎が少し解けます〔図4〕。こんなふうに実は互いに連続的につながりあっているわけですから、どこで切るかによって「診断」が変わってきます。実際にはここからが知的障害で、ここからが自閉症だとクリアカットな切れ目はありません。あ

くまで連続体です。同じく、ここまでが発達障害でここからが定型発達だという線も引けない。境目のあたりに分布する少なからぬ子どもたちをなんと「診断」するかは、診断者のいわば「主観的」な判断になるのです。診断する人によって診断名がぶれても無理はありません。だれかが間違っているためではなくて、こうした連続的なものに敢えて線を引くため、ぶれが生じるわけです。

　3歳時にはかなり遅れたところにいた子どもが10歳になったときにはその子なりに追いついてもっと遅れが軽いところに位置している場合もあります。逆に、その子なりに発達していても全体のなかでは水が開いて3歳時より重い遅れになっている場合もあります。認識発達と関係発達のバランスも変化してゆきます。ですから、発達期には診断が動いても不思議はありません。「発達」の視点に立つかぎり、断定的な「診断」は発達期には下せません。早期診断を急いで早々と「障害名」を告知するのは、「この子はずっとそのまま」の誤解を与えやすいうえ、科学的にも妥当とは言い難く、慎重であるべきでしょう。

　それよりも、分布図において、たとえば「これが5歳の全体的分布です。この分布の中で、お子さんは今このあたりにいますね」と示すことはできます。障害の告知ではなく、「今はここです」っていう説明が大事です。この子はいまこのあたりを歩んでいるところで、認識の発達は5歳の平均に近いところにいるけれど、関係の発達はまだ2歳くらいの水準だから、関係の発達が少しでも追いつくにはどうすればいいか。そんなふうに具体的・個別的に考えていくのが子どもや親へのサポートになると思います。

　道を尋ねたとき、「あなたのいるのは右京区です」「左京区です」と言われても地理不案内な人にはわからないでしょう。右京区といっても広いですし。診断名とは地名に過ぎません。それより地図をひろげて「いまいるのがここです」と指したほうがわかるし、こ

表1 発達障害の概念的分類
精神遅滞（知的障害） 　認識（理解）の発達の全般が、平均水準よりも一定以上遅れるもの。 　　認識の遅れの程度によって、軽度・中度・重度・最重度に分ける。 **広汎性発達障害（自閉症スペクトラム）** 　関係（社会性）の発達の全般が、平均水準よりも一定以上遅れるもの。 　　認識の遅れはみられない〈アスペルガー症候群〉 　　認識の遅れは軽度の〈高機能自閉症〉　　　　に分ける。 　　認識の遅れも大きい〈自閉症〉 **特異的発達障害（学習障害 Learning disorders）** 　全般としての遅れはないが、ある特定の精神機能の発達だけがピンポイントで遅れるもの。 　　例：発達性言語障害 / 発達性読字障害 / 発達性書字障害 　　　　発達性計算障害 / など **〔注意欠陥多動性障害（ADHD）〕** 　全般としての遅れはないが、注意集中困難・多動・衝動性の３つの行動特徴が年齢不相応に目立つもの。

発達論的な視点からの概念的分類

　発達障害を発達論的な視点から分類整理してみましょうれからどう行けばよいかも考えやすいでしょう。

【表1】。「精神遅滞（知的障害）」は、認識の発達全般が平均水準よりも一定以上遅れていて、その認識の遅れの程度によって、軽度／中度／重度／最重度と四つに分類するのが一般的になっています。

　〈広汎性発達障害（自閉症スペクトラム)〉とは、関係の発達全般が平均水準よりも一定以上遅れている人たちを指します。そのなかで、認識の発達全般の遅れはないものを〈アスペルガー症候群〉、認識の発達全般の遅れも大きいものを〈自閉症〉と呼びます。認識の発達の遅れは軽度だけれども、しかし定型発達の水準には届かず「境界知能」と呼ばれる程度の認識の遅れをもつ子どもを〈高機能自閉症〉と呼ぶこともあります。

　これらに対して、認識にも関係にも全般的な遅れはないけれども、ある特定の精神機能の発達だけがピンポイントで遅れてしまうものを〈特異的発達障害 Specific developmental Disorder〉、あるいは〈学習障害 Learning Disorder〉と呼びます。〈特異的発達障害〉は、どんな精神機能が特異的に遅れるかによって分けられます。言語発達だけが遅れれば「発達性言語障害」。読み書きという精神機能が遅れれば「発達性読字障害」、書くことだけが遅れれば「発達性書字障害」、計算という精神機能が遅れれば「発達性計算（算数）障害」。遅れている機能によって種類分けしているわけです。言葉・

読み書き・計算など、いずれも後天的な学習を通して得られる精神能力で、その障害という意味で「学習障害（LD）」とも呼ばれるようになりました。発達という視点からいえば、むしろ、昔から使われていた〈特異的発達障害〉の名の方がぴったりくるのではないかと私は思います。教育界では、知的障害がないのに生じる学業不振を総称する概念として「学習障害 Learning Disability」の言葉が使われているため、しばしば混同されて混乱を招いてきました。

　「注意欠陥多動性障害（ADHD）」も発達障害に組み入れられています。この特徴はやはり全般の遅れはないけれども、注意集中困難、多動、衝動性の三つの特徴が目立つものです。乳児期から幼児期の前半の子どもたちは、みなこれらの特徴を備えています。一つにじっと注意を持続することはできません。刺激によって注意が転導されやすく、多動です。衝動コントロールもできません。お腹が空いてもじっと抑えている赤ちゃんがいたら、そちらの方が問題でしょう。これらの幼い行動様式が、それを卒業すべき年齢を過ぎても極端に見られるものを ADHD と呼ぶと発達論的には言えます。だからこれも一つの発達の遅れと捉えられるのです。

　なお、知的障害や広汎性発達障害の子どもたちも、同年齢の定型発達の子どもたちと比べれば、注意集中困難、多動、衝動性は高く、多かれ少なかれ行動上の問題となります。ただ、全般的な大きな遅れがあるため、そこだけが目立たないだけで、ここにも連続性・重複性がみてとれます。言葉・読み書き・計算などの遅れは、知的障害や自閉症にも当然ながらみられ、やはり連続性・重複性があります。実際、一人の子どもに PDD／ADHD／LD と三つも診断名が並んでいる例を目にしたりします。

　発達障害とは、精神発達という認識発達と関係発達とのからみあった複雑な大きな流れのなかで生じるなんらかの遅れですから、観念的には「知的障害」「自閉症」「アスペルガー症候群」「ADHD」

など別々の概念に分けられても、現実的には単純に切り分けられない繋がりあいや重なりあいをもった現象なのです。精神発達という連続スペクトラム【図3】で眺めるかぎり、こころという全体的・総合的な働きのうち、どんな領域がどのくらい遅れているかの相対的な差異と考えることもできます。

精神発達のプロセス

世界の共有

赤ちゃんはお腹の中では独りで育ち、そこですでにいろんな体験をしています。しかし、胎内での体験や発達は限られています。その独りぼっちだった赤ちゃんが、この人間世界に産み落とされて、この世界を共に生きはじめ、ほかの人たちと世界を共有していく、その歩みが精神発達です。

世界を共有するとは、体験を共有するということです。たとえば、この黒いボールペンがめいめいにどう見えているか、本当はわかりません。めいめいの脳は別々ですからです。私がいま見ているこの色や形と、みなさんが見ているこの色や形が同じかどうか絶対わかりません。私たちの「知覚」体験そのものは共有できないのです。一人ひとりの孤立した体験です。

私はこの黒いボールペンとこちらの赤い鉛筆とを違うモノとして見分けています。みなさんも見分けていることでしょう。でも、私の見分け方とみなさんの見分け方が同じかどうか、これも別々の脳の体験ですから、やはりわかりません。知覚を手がかりにものごとを捉えわける「認知」という体験も、孤立的なものなのです。

けれども、みなさんにこれを「何色ですか？」と言えば、まずみなさんは「黒」と答えるでしょう。「どんな形状ですか」と訊けば

「細長い円筒形です」、「何というものでしょう」と問えば「ボールペン」とおっしゃるでしょう。つまり、私たちは、「知覚」や「認知」は共有できないけれども、それを意味として捉え直すことによって、これを「見る」という体験を共有しているわけです。「認識」は共有できるのです。それによって世界を共有しています。でも、生まれたとたんからそれができる人間はいません。

　精神発達とは、生まれたばかりの個体が、体験世界を他の人たちと共有できるものへと育んでいく歩み、共有できるものを育んでいく歩み、つまり世界をだんだん広く深く分かち合っていくプロセスです。以下にそれをたどってみましょう。

　【啼泣】　生まれたときから赤ちゃんは泣きます。泣かない赤ちゃんはいません。どんなときに泣くかといえば不快が生じたときです。不快とは、生物学的には、生存が脅かされたときに生じる生理反応です。不快を感じて、それを除こうとすることによって生存が護られるわけです。赤ちゃんが不快を感じると、生理的な反射として啼泣が起きます。赤ちゃんが泣くのは親への訴えとか求めではなく、まだ生理的な反応です。それでも、大人とくに養育者は、決してそうとは考えません。必ず赤ちゃんからの「訴え」と意味づけて捉えます。

　何を訴えているのだろう？　と養育者は考えます。もちろん、まだこの啼泣にはメッセージ性はなく、赤ちゃん自身もどんな不快かを捉えわけているわけではありません。そこで赤ちゃんに代わってこちらが「お腹が空いた」と訴えているのか、「寒い」と言っているのか、「寂しい」と泣いているのか、と思い入れるわけです。そしてお腹が空いていると思えばミルクを、寒いと思えば毛布をといったかかわりをします。これには試行錯誤が必要です。なぜなら、泣き声だけでは何が赤ちゃんに生じているか、わからないからです。そろそろお腹が空く時間かなとか、部屋が寒いなとか、顔が

赤くて汗をかいているとか、そういう状況の判断によって、手探りでケアするほかありません。それがうまく当たって、不快が消えれば赤ちゃんは泣きやみます。これが乳児のケアの基本です。これを日々繰り返し、積み重ねるのが育児のはじまりです。

　感覚の共有
　そのうち、育児を続けているお母さんは、その泣き声からわが子がなにを泣いているか、およそ見当がつくようになります。自分の赤ちゃん限定ですけれども（赤ちゃんによって泣き方はめいめい違うからです）。これは、最初は未分化で漠然とした不快だったものが、空腹のときのそれ、寒いときのそれ、と感じ分けられてきたことを示唆します。まだ「空腹」「寒い」「痛い」など意味（概念）によってそれらの感覚を認識的に捉えわけているのではありませんが、赤ちゃんに認知レベルでの感じわけがはじまり、それに応じた泣き声になるのでしょう。親は泣き声から判断できるので、手探りが減って育児がスムーズになります。

　なぜ感じわけが可能になるのでしょうか。赤ちゃんの側はまだ感じわけられない未分化な不快に対して養育者の側は、すでに認識的に捉えわけている「空腹」「暑い」「寒い」などの感覚をあてはめて、それに合わせたケアを重ねているからでしょう。それによって赤ちゃんの感覚認知が、私たちが認識的に共有している感覚の捉えわけと同じかたちに分化してくるのです。こうして、私たちが暑いと感じるときは赤ちゃんも暑いと感じる、寒いと感じるときは寒いと感じるというふうに「感覚の共有」が可能になってきます。

　身体ケアと精神発達
　最初は不快に対する受動的な生理反応だった啼泣が、「泣けば不快が取り除かれる」「不快が快に変わる」体験の積み重ねからだん

だん、「不快を除くために泣く」「心地よさを得るために泣く」という能動的な行動の色を帯びてきます。「泣けば不快は快に変えられる」「自分はちゃんと護られている」と赤ちゃんは言葉で捉えるわけではないですが、深い身体感覚のレベルでその感覚を根づかせていくのでしょう。

　オムツを替えたり、ミルクをやったりというなんでもない「身体ケア」の積み重ねが、感覚を分化させ、能動性を芽生えさせ、「自分は護られている」「この世界は自分を護ってくれる」という基本的信頼や安心感を育むという、精神発達上きわめて重要な役割を果たしていると考えられます。もちろん、本当にそうかを赤ちゃんに訊いて確かめるわけにいかないので、以上はあくまで仮説ですけれども、たぶん間違ってはいないでしょう。次のような根拠があります。

　身体ケアが放棄されて泣いても放っておかれたり、泣けば哺乳瓶を口に押し込まれたりといった虐待状態を強いられてきた子どもたちには、感覚がしっかり分化していない子がしばしばいます。痛くても平気に見えたり、寒いのにパンツ一枚でいて鳥肌立って唇も青くなっているのに気づかないでいたりする子がいます。その一方、過敏でちょっと身体に触れられただけで飛び上がったりします。つまり、私たちが暑い、寒い、痛い、くすぐったいというようにきちんと捉えわけているような感覚の捉えわけが十分でなく、感覚世界が混乱しやすいのです。能動性にも乏しく、まわりの刺激に受動的にふりまわされやすい傾向もしばしば強く見られます。これらの事実から逆に、早期の身体ケアが精神発達にもつ重要な役割が想像できるのです。

　重い発達障害をもつ子どもも、やっぱり感覚が未分化で混乱しやすい特徴をしばしばもちます。もちろん養育者の側はちゃんとケアをしているのですけれども、赤ちゃんの側にそれをしっかりキャッ

チして、それを支えに自分のなかで感覚を捉えわけていく力が弱いからでしょう。認識発達や関係発達の脚力が弱いと、感覚分化や能動性の芽生えが遅れてしまうのです。

　人見知りと世界の共有
　私たちは不安とか恐怖とか、いろいろな情動を体験しながら生きています。生まれたばかりの赤ちゃんにとって、世界は、見慣れぬ知らないものばかりです。だから一生懸命赤ちゃんは知ろうとします。それが「探索行動」と呼ばれるものです。
　赤ちゃんがまわりの世界を知っていくとき、その知り方が問題です。世界を分かちあい共有できるためには、すでに大人たちが知っている知り方で知るようになることが重要です。赤ちゃんは４ヶ月前後から、大人の視線をたどって大人が見ているものを自分も見ようとします。生活のなかで大人が視線を集中するものは、社会的・生活的に有意味な対象がほとんどですから、結果として、赤ちゃんは社会的・生活的に有意味なものをより高頻度に観察の対象とし、それを認知レベルで捉えわけ、自分の「知っているもの」としていきます。
　関係の発達に遅れをもつ子どもの場合、大人の視線に関心を向けてそれをたどることなく、自分ひとりの関心だけで周りを探索するため、世界を大人と分かちあって共有していくことに大きな遅れを招く結果となります。
　さて、「知っているもの」が増えるにつれ、知っているものと知らないものとの区別がはっきりしてきます。それによって、知らないもの、馴染みのないものへの不安や警戒が呼び起こされるようになります。それが強く現れるのが、８ヶ月前後に始まる〈人見知り〉です。知らない人を恐れて養育者にしがみつくなどの行動がそれで、未知の対象がもたらす不安や恐れを、馴染んだ養育者に護ら

れることで緩和しようとするのです。

　こういうとき、突き放す親はまずいないでしょう。よそのおばさんが来て、子どもが人見知りを起こしたら「何を恐がっているの！」といきなり叱る親はいません。まずちゃんと抱きしめてあげますね。それから「大丈夫よ」「お隣のおばさんよ」と落ち着いた情動をその子どもに向けます。その情動を共有することによって子どもは安心を得るわけです。

　ここで終わりではなく、実はこの先が大事なところです。こうして安心を得ると子どもは、観察を始めます。親はこの見慣れない人をどう扱っているか、どうかかわっているかを見ます。親は落ち着いた様子で、その人と親しげに話をしている。それを感じると子どもは、積極的にその人を観察しはじめ、その人に少しずつ接近行動をはじめます。その人に向かって声を出すとか。こうした順を踏んで、その未知の人を「知っているもの」のレパートリーに加えていくわけです。いわば、母親とその人を共有することを通して、その人が親しい、知っている人になっていきます。

　ここには、安心を養育者と共にする、対象への親和感を養育者と共にする、それによって未知だった対象を既知のものにして世界を広げ、世界そのものを共有していくというプロセスが見て取れます。〈人見知り〉が発達の重要なメルクマールの一つとされるゆえんでしょう。精神発達に遅れると、〈人見知り〉の発現も遅れたり無かったりします。逆に〈人見知り〉がなければ、その結果、世界を共有する精神発達の足を引っ張られるということもできます。

喃語と情動の共有

　赤ちゃんの最初の発声は泣くことです。それが1、2ヵ月たつと機嫌がよいとき独りで「アーアー」「クークー」とか声を出しはじめます。〈クーイング cooing〉と呼ばれている発声です。これは、

自然発生的な生理的発声だといわれています。赤ちゃんが意図して誰かに向けて声を出しているわけではなく、自然に出てくる発声です。ですから、これにはコミュニケーションの意味や役割はまったくありません。そういえる根拠は、声や音声をまったく知らない重度の聴覚障害の赤ちゃんでも〈クーイング〉が出てくることです。だから、これは自然発生的・生理的な声だと科学的にはいえるわけです。

　けれども、親は絶対そんなふうには思いません。啼泣も「訴え」と捉えるように、〈クーイング〉が始まれば、赤ちゃんがおしゃべりを始めたと受け取ります。それに対して喜んで言葉で応答する、あやしてやるということを養育者は繰り返します。

　それによってなにが起こるかというと、「アーアー」とか「クークー」といったごくシンプルな〈クーイング〉が、「ダーダー」とか「バブバブ」という複雑な発声に発展していきます。喃語、〈バブリング babbling〉と呼ばれるものです。〈クーイング〉と〈バブリング〉の大きな違いは、〈バブリング〉は複雑なだけでなく、応答性・相互性をもったコミュニケーションをはらんだ発声であることです。赤ちゃんはお母さんの顔を見て〈バブリング〉を出します。相手を意識した発声です。一方向的な発声でなく、相手からの応答も期待しています。赤ちゃんは〈バブリング〉をフッと止めて、相手の顔をまるで促すように見ます。そこで相手が声かけるとそれに誘われるようにいっそう活発に〈バブリング〉をするというように「やりとり」が始まるわけです。

　これは音声による双方向性をもったやりとりですから、言語コミュニケーションの第一歩と考えることができます。ここで何をやりとりしているかといえば、「意味」ではなくて、「情動」です。声を出しあう心地よさ、二人が一体になったかのような気持ちの浮き立ちみたいなものをやりとりして、ここに深い「情動の共有」が体

験されるのです。情動を共有できることが、こころを分かち合える、つまり世界を分かち合えるための重要な基盤です。

子どもは自然にどんどん成長しているかに見えるのですが、このように、大人たちがそれを支え促すかかわりを知らず知らずにしているのです。赤ちゃんの側も、そのかかわりをおのずと引き出す働きかけを大人にしています。このような関係的な交流によって、認識の発達および関係の発達自体がおし進められていきます。

　自己コントロールする力とルールの共有
発達の遅れをもつ人たちは、「自分の欲求や衝動を自己コントロールする力」が、同じ年齢の定型発達の人たちに比べると弱いのが一般です。ほかは大丈夫なのに、この力の弱さだけが極端に目立つ子どもたちを〈ADHD〉と呼んでいます。衝動性が高い子は社会を生きていくのが大変です。自分の欲求や衝動を自力でコントロールできるのは、社会を生きるためにとても大事な能力だからです。発達的にこの能力がどんなふうに培われていくかを考えておく必要があります。

この自己コントロール力、欲求や衝動を能動的に自力でコントロールする力を、私たちは日常の言葉で「意志」といいます。あの人は「意志が強い」というのは、自分の欲求や衝動をしっかりコントロールできること、「意志が弱い」というのは自分の欲求や衝動をコントロールできずそれに振り回されたり流されたりしてしまうことを意味します。

欲求や衝動は、生存に必要だから出てくるものです。一般の動物は欲求や衝動のままに行動します。目の前に餌があって食欲を感ずればすぐ食べる、敵が現れて怒りや恐怖の衝動が起きれば直ちに攻撃するなり直ちに逃げる。そのように欲求や衝動が起ったとき、それに従ってパッと（つまり衝動的に）行動するのが生物学的には適応

行動です。そうしなければ餌を食べそこない、敵にやられてしまいます。人間以外の動物は欲求や衝動を抑えることなどしません。抑えたら生存できないのです。

　ところが人間だけは逆なのです。なぜ逆かといえば、人間は複雑高度な社会な共同生活をしているからです。個々人がてんでに自分の欲求や衝動のままに行動したら、社会（共同体）は成り立ちません。人間だけは本来は生存のために必要な欲求や衝動を状況に応じて敢えてコントロールせねばならないのです。コントロールには二方向の力が必要です。一つは欲求や衝動を満たすべく遂行する力です。欲求や衝動は必要だから出てくるので、何らかのかたちでちゃんと満たさねば生存はかないません。もう一つは、欲求や衝動を抑制する力です。社会的にはそれが求められます。

　車でいえばアクセルとブレーキです。欲求や衝動に対してアクセルとブレーキを使いこなすのが意志の力です。車の運転を考えればわかりやすいかもしれません。私たちは車の運転に必ずブレーキとアクセルを使い分けています。ブレーキだけで車のコントロールするのは難しいし、アクセルだけでコントロールすることも難しい。両方を合わせてはじめて円滑かつ安全な運転ができるのです。どんなときアクセルを踏み、どんなときブレーキを踏むかを決めるのは、交通ルールと道路状況です。同じように私たちは社会的なルールによって、またその時々の状況に合わせて、欲求や衝動をある場合は満たそうと努める、ある場合は敢えて抑制しようと努める、そうやって社会生活を送っています。

　この力はどこで育まれるかといえば、基本的には幼児期の「しつけ」です。たとえばトイレットトレーニングを考えればわかりやすいでしょう。おしっこがしたい、うんこがしたい。これは欲求・衝動です。もちろん必要だから出てくるものです。でも、私たちの社会的・文化的なルールでは、排泄はトイレでする約束ですから、ト

イレに行って便器に座るまでは抑えることを幼児は求められます。一方、トイレで便器に座ったら意識的に踏ん張って自分の力で能動的に排泄を遂行しなければなりません。

　日々のしつけはただ生活習慣を身につけさせるだけではなくて、それを通じて社会的なルールを共有し、それに則って社会的に生きるために必要な自己コントロールの力、意志の力を子どもに育んでいるわけです。生物学的には欲求や衝動のままに行動するのが合理的ですから、それを抑えるシステムが生得的にDNAに組み込まれているわけではないでしょう。社会的・文化的な必要性から、後天的に養育的なかかわりを通して習得される力です。「しつけ」の用語には訓練的な語感がありますが、実際を観察すれば、子どもと養育者との間の親和的・愛着的な関係に支えられた密接な相互交流がそれを進めていることがわかります。衝動をコントロールする意志の力は、いわば「社会的な力」なのです。

　発達に遅れをもつ子どもたちは、この力の習熟にも遅れて、多かれ少なかれ、衝動のコントロールが苦手な子が多くなります。この力は「社会的な力」ですから、〈広汎性発達障害〉のような密接な相互交流をもつ力が弱く社会性の発達に遅れをもつ子どもでは、とりわけ苦手になりやすいと言えます。知的に頭ではわかっていても、欲求や衝動をコントロールしきれず動かされてしまうのです。また、極めて不適切なかたちでしかしつけがなされずにきた被虐待の子どもたちは、当然ながら、しばしば、自己コントロールがとても不得手で高い衝動性を抱えます。

　こうした認識発達や関係発達の全般的な遅れもなく、養育上の深刻な不備もないにもかかわらず、衝動コントロールが極端に不得手な子どもたちが〈ADHD〉と呼ばれます。衝動のコントロールは、行動のコントロールを通して実現されます。この子どもたちは、意志と行動とをつなぐところにおそらくなんらかの発達的な不

調が潜んでいのではないか、と言われています。比喩的にいえば、運転者はブレーキペダルを踏んでもその力がブレーキシューにうまく伝わらないような現象です。これが厳密な意味での〈ADHD〉です。

精神発達の遅れた場合

発達の遅れがもたらす体験世界

　以上、発達のプロセスをかいつまんでお話しましたが、もし、これらのプロセスが大きく遅れた場合、どうなるでしょうか。すなわち、発達に遅れをもつ人たちがどんな体験世界を生きることなるか、を考えてみましょう。知的障害であれ広汎性発達障害であれ、発達に大きな遅れをもつ場合、もちろん一人ひとりの違いはありますが、一般的にいえば、以下の体験世界を生きる傾向を強くもちます。この傾向は、関係発達の遅れが大きくなるほど、いっそう輪が掛かって、ときには極端なまでに強く現れてきます。人とのかかわりによる支えが乏しくなるためです。

　一つ目に、不安や緊張がそうでない人たちに比べるとずっと高い体験世界を強いられています。
　私たちの人間世界は認識的にも関係的にもマジョリティをなす平均水準の人たちにあわせて成り立っていますから、遅れをもつ人たちは、自分たちには理解しきれない、対処しきれない事柄に数多く取り囲まれて、そのなかを生きていかねばいけません。ですから、いつも不安や緊張が高く、（私たちにとっては）些細なことでも強い不安やパニックを起こしやすいのです。

二つ目に、高い感覚性の世界を生きています。

　一般には言語の発達とともに意味や約束で世界を捉えわける「認識」の発達が進み、そのぶん、感覚器を通した知覚によってナマで世界を認知するわざは後退してゆきます。裏返せば「認識」の発達に大きく遅れた場合、ナマの知覚によって認知的に世界を捉えわけるわざに頼り続けることになります。そのぶん、感覚性は磨かれていき、高い感覚性をもつのです。

　これがプラスに働けば、豊かな感覚性や感受性として現れてきます。とても色彩感覚がよかったり、音感がよかったりとか。一度知覚したものは知覚したままピタッと記憶に焼きつける「直観像記憶」をもつこともあります。その豊かな部分が活かされれば、画家の山下清さんや作曲家の大江光さんのような芸術力となるわけです。

　ただこれが裏目に働けば、感覚の過敏性や混乱性がおもてに出てきます。感覚刺激に振り回されるのです。なぜ、過敏性として現れやすいかは、一つ目にあげた高い不安緊張がベースにあるからです。不安なとき、私たちの感覚は鋭くなります。夜道を恐る恐る歩いているときを思えばわかると思います。不安で警戒的なときは、普段なら逃してしまう些細な刺激も鋭敏にキャッチします。夜道では木の葉がカサリと鳴る音にもビクッとするでしょう。不安が感覚を過敏にし、過敏な感覚がまた不安を高める相乗効果が起きます。感覚性が高く、しかも不安緊張も高いとき、激しい感覚過敏や認知世界の混乱が生じても不思議はありません。これが、発達の遅れをもつ人たちの過敏性の背後にあります。

　三つ目は、強いこだわりがあり、変化を恐れます。こだわりの世界です。これについては後ほどお話しましょう。

　四つ目は、自立性が高いことです。

遅れをもつ人たちは、周りに頼っている依存的存在に思われがちですが、これは逆です。むしろ人に頼ったりとか、人の力を借りたりとか、それができない人が多いのです。そのすべを知りません。特に〈広汎性発達障害〉をもつ場合、これが如実に出ます。関係発達に遅れるとは、そういうことです。何事も自分で対処しようとして、ある意味、自立的・主体的でよいともいえますが、周囲からの理解やサポートをまさに必要としているこの人たちが、それがなかなかできないところに大きな生きづらさがあるでしょう。

　五つ目に、欲求や衝動のコントロールが苦手です。
　そのわけはもうお話しました。知的に高くて認識力のある〈アスペルガー症候群〉と呼ばれている人たちでも、同じ年齢の平均的な人に比べると、自己コントロールする力がどうしても弱くなります。

　アスペルガー症候群における体験世界
　〈広汎性発達障害〉とくに〈アスペルガー症候群〉といわれる人たちが当事者体験を本などに書いて証言するようになりました。それを読むと、関係の発達に遅れた人たちが生きねばならない体験世界の独特の混沌性がよくわかります。とても大変です。
　もともと誰にとってもオギャアと生まれたばかりのときはそうなのだろうと思います。認識的にはもちろん、認知的にも分節化されていない未分化な混沌性の高い体験世界です。その未分化だった世界を乳児期においてまず「認知的」に捉えわけはじめ、それを土台に幼児期に入って言語発達とともに「認識的」に捉えわけ、世界を意味や約束によってくっきりと分節化していくのです。私たちはその意味や約束を社会的にみんなで共有し、この世界を共同的に生きています。このように意味や約束によって分節化され秩序づけられた世界を、ほとんど「第二の自然」としているのが私たちです。

知覚はめいめい別々の脳の体験ですから、認知の世界はほかの人と充分に分かち合えない、そのぶんだけ孤立的というか独自性の強い体験世界です。しかし、一般に乳児は認知発達の途上で、大人の視線をたどるなどして、大人が関心をむけるものに自分も注意を向けて共有することを積み重ねてゆきます。これによって、すべての対象を等価に認知するのではなく、大人が注意を向ける対象、すなわち社会的に意味ある対象とそうでない意味ない対象とを認知レベルで捉えわけるようになります。未分化だった世界が、「図（意味あるもの、注意を向けるべきもの）」と「地（意味ないもの、無視してよいもの）」に分かれてくるのです。
　〈アスペルガー症候群〉では、知的な能力は高いので自力で外界の認知を発達させていきますが、関係の遅れが大きいため、大人の視線をたどって社会的に意味あるものを選択的に捉えて共有するという認知の仕方にはなりません。そのため、体験世界から「図」を切り取って他を「地」として背景に沈めるわざが十分に身につかずに成長します。体験世界がくっきりと図と地に分かれにくいのです。
　私たちはほとんど無意識に（自動的に）体験世界を「図」と「地」にわけて、そのつど「図」だけを捉えています。たとえば、いまこの部屋には、私の声、空調の音、衣擦れの音、咳、外の足音やドアの音、様々な音刺激が入り乱れています。でも、私の話に関心をもって聴いてくださっているかぎりにおいて、私の声だけが「図」になり他のさまざまな音は「地」として背景に沈み、ほとんど耳に入ってこないでしょう。知覚的にはどの音もすべて聞こえているはずで、事実、そちらに注意を向ければちゃんと耳に入ります。黒板をみても文字だけが「図」になり、汚れや消し残りは自然に無視されます。これができるのは、赤ちゃんのときから大人が注意を向けるものに注意を向けるといった体験（注意・関心の共有）を重ねて、そのとき必要な（意味ある）知覚刺激だけを「図」として

捉えるわざを磨いてきた結果と考えることができます。

　ところが関係の発達に遅れをもつと、発達早期になされるべき注意・関心を大人と共にする修練が積めないままできてしまいます。その結果、世界を「図」と「地」に分けて捉えるわざがうまく身についていなくて、外界からの情報がほとんどすべて等価に入ってくる世界を生きることになります。これは、情報過剰で混沌にみちた体験世界です。その世界をたえず意識的に仕分けながらやってゆかねばならぬところに、この方々の独特の大変さがあると思います。

　困難への対処努力
　遅れをもつ人は、以上のような様々な困難を強いられています。しかし、その困難に対して、自分なりの対処努力・適応努力をしていることへの理解が必要です。その努力が、定型発達を基準にした見方からは、かえって「問題行動」「不適応行動」と見られやすいのですが。

　第一に、不安緊張の高い世界への適応努力があります。この努力は、自分なりに理解でき対処可能な状況やパターンの内に踏みとどまろうとする方策として現れます。それによって安心を護るのです。そのため、なじみのない新しい状況や常と異なるパターンを、極端なほど避けたり拒んだりしがちで、傍目には、状況やパターンへの強い固執性や強迫性、つまり「頑固さ」や「こだわり」と受けとられます。

　ダウン症候群の子どもは人懐っこいとよくいわれます。しかし、ダウンとはかぎらず遅れをもつ人たちが見せる愛想のよさとか、にこやかさの背景には、ひょっとしたら不安や緊張が潜んでいる可能性も頭の隅に置く必要があります。私たちでも見知らぬ人たちのなかに立ち混じって不安なとき、とりあえずにこやかにして身を守ろ

うとすることってあるでしょう。もちろん、本当に嬉しくてニコニコしている場合もあります。けれども、そればかりではない。そのような遅れをもつ人たちはまわりからは「無邪気」とみなされやすいのですが、不安や緊張の世界を一生懸命生きている姿という側面を見落とさないほうがよいでしょう。

　第二に、認識の発達に遅れているほど、その代わり認知的に、つまり直接的な知覚に依拠して体験世界を捉えることで世界を生きようとしています。これも適応努力です。ただ、ナマの知覚によって捉えられる認知世界は混乱しやすさをはらんでいます。
　たとえば、自分の部屋に戻ったらカーテンが新しいものになっていたとか机の位置が変わっていたとします。私たちは「おや」と思うかもしれませんが、混乱はしません。カーテンや家具が変わってもそこが「自分の部屋」という意味は変わらないからです。認識的に世界を捉えているとは、こういうことです。ところが、認知的に世界を捉えている場合、カーテンの色とか机の位置とか、その知覚的なあり方が変われば、そこは別の部屋になってしまいます。そのため混乱して、カーテンや机を元に戻されないと安心できなかったりします。そういうわけで、認知的にものごとを捉えわけながら世界を生きている場合、まわりの知覚的なあり方、つまりものごとの位置とか配列とか順番をできるだけ同一に保とうと努めます。そうやって体験世界の混乱から身を護っているのです。
　「図」と「地」が分かれず、必要な情報刺激も不要な情報刺激も等価で入ってきてしまう混沌性の高い体験世界を生きねばならないことへの適応努力もなされます。その方策の一つは、体験世界をあまり拡大せず（広がると収拾つかない）狭い範囲に限ることです。日常の行動も、そのつどの情報に応じて動くよりも、一定のパターンを作ってそれによって動くことで混乱やたえず意識的に仕分けねば

ならない負担を減らします。これらも、周囲からは「興味の限定」とか「こだわりの強さ」と評されることになるでしょう。けれども、これらは決して病的現象や障害の症状ではなく、リーズナブルな適応努力と見る視点をもつことが理解と支援につながると思います。

不安への対処がしきれないとき

　以上の努力にもかかわらず、それでも、不安が募ったり混乱したりということがまま起きます。そのときも、それをなんとか処理しようという対処努力がなされます。「自立性」が高いため、ともすれば独りでする努力となります。

　私たちは問題にぶつかったとき、以前そうしたらうまく解決した手をまた使ってみるでしょう。この子どもたちもそうで、前に気持ちが落ち着いた憶えのあることをやります。それでうまくいけば、そこで終わります。でも、柳の下にドジョウがいるとは限らず、今回はだめな場合も多いでしょう。そんなとき私たちなら、手を変えます。対処の手だてのレパートリーをたくさん持っているからです。ところがこの子どもたちは、ほかに手を知らず、うまくゆかなければゆかないほど、いつまでもそれをやり続けることになります。つまり、まわりから「常同行動（こだわり行動）」と呼ばれるものとなります。

　以前うまくいったことを反復するという対処法は、「経験を生かす」というなかなか高度なこころのはたらきがあって可能なことです。遅れが大きな子では、そこまでいかず、もっとプリミティブな身体レベルでの対処法をとることが多くなります。

　単純な身体的な反復運動は、不安やフラストレーションを（解決しないまでも）紛らわしてくれます。私たちも不安や苛立ちがあるとき、貧乏ゆすりしたり同じところを行ったり来たりしますでしょ

う。この子どもたちがよく行うのは「ロッキング」という身体を前後に揺する行動です。身体のゆるやかな揺らぎは鎮静的な作用があります。赤ちゃんをなだめるとき、抱っこしておだやかに揺すってやるでしょう。子どもが自分自身でそれをするのがロッキングです。それで気持ちが落ち着けば止みますが、落ち着かなければ、他の手を知らないまま子どもはロッキングをいつまでも続けることになり、これも「常同行動」となります。

　強いフラストレーションにぶつかったとき、もう一つの対処手段が「自己刺激行動」と呼ばれるものです。身体に対する強い感覚刺激には、とりあえずフラストレーションを発散させるとか紛らわせる働きがあります。私たちもやっていることです。強い情動負荷やフラストレーションを感じたとき、頭を掻きむしったり地団駄を踏んだりします。これが自己刺激行動です。遅れをもつ人たちもそうです。ただ、私たちはそれが一時の発散にしかならぬことを知っており、とりあえず発散したあと、気を取り直して情動負荷やフラストレーションの元をなんとか解決する実際的な対処に向かうのが、一般です。

　遅れの大きな人たちは、強い情動負荷やフラストレーションに対して自己刺激行動による「発散」や「紛れ」によって対処しようとします。それでうまくいけば、自己刺激行動は終わります。ところが、これは元をなんとかする対処法ではないため、それだけではうまくいかない場合が少なくありません。しかし、他の手を知らず、これをやり続けるほかなくて、「常同行動」となります。しかも、うまくいかなければ刺激をより強いものにしていきます。自分を叩くという自己刺激行動が、叩き方が激しくなってついに壁に頭を打ちつける、刺激を強く感じるところ（たとえば目）を叩くなどエスカレートしていきます。軽く手を噛む自己刺激が肉を噛み切ってしまうほどになっていくとか。こうなると、まわりの目には病的な

「自傷行為」と映りますし、事実、危険でなんとか制止する必要がでてきます。

しかし、ここでも「これは私たちもときに行っているストレス対処法で適応努力なのだ」という理解が必要です。これらの行動の根底には、一番目に挙げた高い不安緊張があるわけですから、その不安緊張をいかにして下げるが大事な課題となります。

おわりに

最後に、社会の"これから"を考えてみましょう。

これから大事なのは、発達障害を脳の障害と捉えて脳の生物学的な異状と見るまなざしから、発達の広いスペクトラムのなかでの「個人差」と捉えるまなざしへと、社会の視野が広がることだろうと思います。医学が生物学的な脳研究に傾くのは学問の特性からの必然ですが、それだけでは狭いのです。

発達障害を養育上の失敗、親の責任とみなす社会的偏見が根強かった時代には、そうではなく「脳」の障害だと強調することに親を偏見から護る大きな意味がありました。しかし、それは一方で、発達の遅れをもつ者を自分たちとは異質な障害された存在として切り離すまなざしを生みだすリスクもはらんできました。

発達の視野のなかで眺めれば、一見、病理的な行動、障害の症状と見えるものも、それなりにちゃんと意味のある行動、リーズナブルなものとして理解ができます。社会全体をみれば、発達障害をもつ人たちは決して私たちと異質で特殊な人たちではなく、連続的なひろがりとつながり［図3］のなかで、たまたま真ん中よりも後ろのほうを歩いている人たちなのだと考えることができます。発達の足どりに速い遅いの個体差があるため、必ず先頭集団から後方集団ま

で大きな幅が生じざるをえないだけで、基本的には同じ道をともに歩んでいるのだという理解が大切でしょう。

　ただ、私たちの社会の仕組みは真ん中あたりを歩むマジョリティにあわせて作られていますから、後方集団の人たちは真ん中集団の人たちがであわないで済むさまざまな苦労に、いつもぶつからざるをえません。不公平といえば不公平です。そこをどうするかが、これからの社会の大きな課題だと思います。

第 2 講

LDの明日を語る
――発達障害と特別支援教育のなかで――

上野　一彦

「LD教授の贈り物」〔講談社、2007年〕は私の最初のエッセイで、LDの目から見たいろんな世の中の面白いことを書きました。実は私が60歳になったとき、濡れ落ち葉とかになってはいけないと思って、家内に「歳とってからどういう夫になってほしいか」と聞きました。すると家内はすぐに答えました。「普通の人になってください」と。大変驚きました。どうも自分は普通じゃない。気がついてみたら、私がどうしてこんなにLDにズーッと心惹かれているのかなと思ったら、私もLDらしい。私の学生たちや同僚の先生も酔っ払うとすぐに私のことを「LDパパ」とか言って寄って来ます。私としては、LDのことに取り組んでいる尊敬すべき先生だと思われていると思ってたら、そうではなくて「あんたはLD」だと言うわけです。それで「LDパパ」と言うらしい。そのようなことから、このようなタイトルを本につけたわけです。

LD概念の登場

　村上春樹さんが本を出し、そのタイトルが「IQ84」だと思っていました。私は日本を代表するIQの研究者の一人ですので、それを喜んで買いました。すると、IではなくてI、1Q84だったんですね。しかし、それを読んでおりましたら、主人公のふかえりと小説家の卵の天吾という青年との会話に、「君が言ってるのはつまり、いわゆるディスレクシアみたいなことなのかな？」というセリフがあるのです。私が40年間、LDとかディスレクシアという言葉を

みなさんにと伝えてきたのですけど、あまり広がらない。だけど村上春樹さんがこれを1行書いたおかげで、一夜にして、二百万もの人がこの言葉を知ったわけです。あれは嬉しかったです。

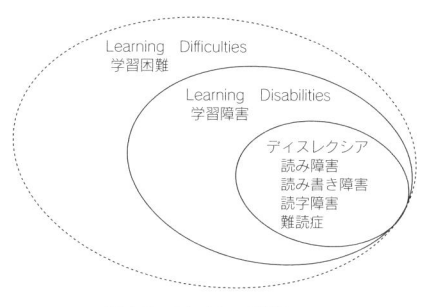

LDとディスレクシアの関係
「LDとディスレクシア」上野一彦、2006

　読字障害というディスレクシアは、読めない人もいれば、書くことだけが弱い人もいるんです。僕がそうで、ディスグラフィア *Dysgraphia* と言います。字がすごく下手なんです。ですから大学の授業も全部パワーポイントでやりました。

　ディスレクシアという言葉は1800年代からあり、眼科医が見つけました。知能は低くないのに、ちゃんと会話もできるのに、本が読めない。目が悪いのじゃないかと思っても視力が悪いわけでもない。そこで、ディスレクシアという言葉が登場したのです。それはヨーロッパで発祥し、やがてアメリカに渡りました。アルファベット言語圏に多く、特に英語は発音が難しいので多いわけです。

　LDをアメリカでは"Learning Disabilities"と言います。アメリカでLDは多く、だいたい子供たちのなかの5%から7%と言われます。障害児はだいたい1割ぐらいいると言われているので、その人たちの半分はLDだということになります。LDの大学生も非常に多いのですが、支援もたくさんされています。

　LDという言葉のさらに外側に"Learning Difficulties（学習困難）"があります。日本でいうと、勉強できない子みたいな概念もあるのです。イギリスなどでは、この"Learning Difficulties"という言葉がよく使われます。同じLDでもちょっとずつ違います。イギリスの場合では、知的障害もLDも、みんな"Learning Difficulties"と言うのです。特に、「特異的な」という言葉を上に付け"Specific Learning difficulty"、学習困難ななかの特別なも

のが、アメリカでいう"Learning Disabilities"にあたります。"Learning Disabilities"はアメリカでは約5%前後いると話しましたが、"Learning difficulty"はイギリスではなんと5人に1人というのです。これは1981年のイギリスで実施した調査「ウォーノック報告」に出てくる数字です。

アメリカでも"Learning Disabilities"をどんどん絞り込んでくる動きがありますが、もっとも新しいデータを紹介すると、全部の障害の子どもたちがだいたい全体の10%ぐらいで、そのなかにLDと呼ばれる子どもたちが約4%と言われています。すると全障害の約40%がLDとなります。自閉症は、全障害のなかでは4.3%で結構少なく、全部の子どもたちのなかでは0.39%となっています。日本では自閉症は全体の子どもたちのなかでだいたい1%と言われています。

わが国の特別支援教育

日本の今の教育制度のなかで、障害系の子どもたちに対しての支援のスタイルは三つあります。

一つ目は「特別支援学校」です。以前は、養護学校とか盲学校、聾学校と言われていました。ここにおおよそ障害の子どもたちの25%が来ています。

二つ目は「特別支援学級」。以前は関西では養護学級、長野では自立学級、東京では心障学級といった名称で呼ばれていました。障害の種別には、視覚障害・聴覚障害・知的障害・肢体不自由・病弱虚弱などがあり、障害の子どもたちの54%と言われています。

三つ目は「通級による指導」です。この制度が平成5（1993）年にスタートしたときは、知的障害はこの通級教室の対象ではなく、

LDも、当時は検討中でここには原則的に入れないということになっていました。ですから言語障害と情緒障害が中心だったんですね。13年経った平成18 (2006) 年から、通級による指導のなかにLDやADHDを扱うように法律が変わったのです。これが障害の子どもたち全体の21％あります。普通ですと、障害の軽い子どもは重度のお子さんよりたくさんいるわけで、一般に重い子どもの方が少ないです。ですから今述べた率は、本来はこういうパーセンテージではなく、通級による指導の割合が特別支援学校の3倍ぐらいあって不思議はないのです。だからまだまだ通級による指導の支援は少ないのです。始まったばかりというべきでしょう。

　日米の障害学生数比較を見ますと、障害を持った大学生・大学院生・高専の学生は、日本では320万人はいるのですが、高等教育を受けている学生はたかだか8000人という数値が出ています。アメリカのその割合と比べると、日本は0.27％で、極めて少ない。ただ、昨年は0.22％でしたので、それでもちょっと増えてきています。その理由は、発達障害が目立ってきたからです。アメリカでは障害を持った学生さんだけでも約1割はいるということで、国によってずいぶん差があります。その意味では、日本は障害に対しては極めて視野の狭い国だということだけは間違いありません。しかも発達障害に関してはさらに遅れているという特徴があります。

LDの歴史と特別支援教育の足跡

　日本でLDという言葉が登場したのは20年前からで、その頃から私は延々と取り組んできました。しかしなかなか広がらず、私の周りの人たちは、「君まだLDなんかやってるの？」「文部省も使わないね、そんな怪しげな障害のことをいつまでやってるの？」と言われたことさえありました。たまたま、2010年に私は辻村泰男という人を記念する賞をもらいました。辻村さんは文部省で、1978

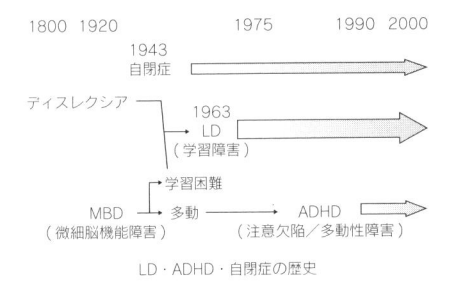

```
1800  1920        1975      1990 2000
         1943
         自閉症  ━━━━━━━━━━━━━━━▶
ディスレクシア
    ┃    1963
    ┗━━▶ LD    ━━━━━━━━━━━━▶
         （学習障害）
      ┏━学習困難
  MBD ━┻━ 多動 ━━━▶ ADHD ━━━━▶
（微細脳機能障害）  （注意欠陥/多動性障害）

     LD・ADHD・自閉症の歴史
```

年に養護学校教育を義務化する制度を作られ、日本に養護学校をたくさん設立されるきっかけとなった人です。同時に、彼は「中間児」の教育が大事であると言ったのです。中間児というのは、知的な遅れのあるお子さんや障害のあるお子さんと、健常なお子さんの間にいる子のことで、これが大事だと言われたのです。当時はまだLDなんて言葉がなかった時代に、中間にいる子どもたちを忘れてはいけないよと言ったのです。こういう先見の明のある人の賞をもらったというので、私は嬉しく思いました。

　日本でのLDのスタートは1990年です。「LDの親の会」ができました。一年間私の研究室に事務局を置いて、私が電話番をしてました。この「LDの親の会」はすごい力でした。やはり障害というか、発達に関しては、最初はみんな親たちの汗と涙がバックアップするのですね。やがてそれが広がっていき、全国のLD親の会ができて、文部省にこういう子たちの教育をなんとかしてくれと言う要望が届きはじめました。県会議員や国会議員のなかにも、アメリカではこの問題はすごく発達しているけど日本はどうなっているんだと議会で質問するわけです。それで動きが出てきます。文部省は通級指導に関する調査研究協力者会議を開始しました。そのとき、言語障害の子どもたちの支援は通級制度でやっていたのですが、学級編成原理があったのでその子たちの籍は特殊学級に移して行っていました。しかし、ほとんどの時間、通常学級にいるのに、特殊学級に籍があるのはおかしいではないかという声があって、通級による指導という制度ができました。1993年のことでした。

　その後、今度はLDの問題が本格的になってきました。すでに述べたように、通級による指導の制度ができたのですが、そこには

LDは入らなかったのです。そこでLDに関する調査研究協力者会議が1992年に開始されました。そのときLD学会もできました。

2002年、全国調査で子どもたちがLDやADHD、高機能自閉症などの障害がある割合が6.3%であるという報告が出ました。これが大きなガイドラインになって、多くの障害を持つ子どもたちが通常学級で放っておかれているという報告が大きな反響を呼びました。それから本格的な動きへのスイッチが入ったわけです。

今度は親たちの力によって、自閉症やLD、ADHDの親の会、LD学会や自閉症協会などみんなが一緒になって議員立法で発達障害者支援法という法律ができました。法律ができることは大きいことで、発達障害とかLDとか、ADHDとか、自閉症のことを行政サイドの方は知らないと言えなくなったわけです。同時に今度は親の会と学会の連合体であるJDDネット（日本発達障害ネットワーク）ができました。2006年になりますと、通級による指導のなかに、LDやADHDも追加されました。学校教育法の一部が改正され、特別支援教育という名前に法律も全部変わりました。2010年には障害者自立支援法の中に発達障害が書き込まれ、2011年度の大学入試センターの試験の特別措置に発達障害という障害区分導入されることになりました。

インクルーシブ教育制度と合理的な配慮の提供

教育のなかには、二つの大事な言葉があります。

一つ目は〈インクルーシブ・エディケーション inclusive education〉、つまり、どんな子どもたちも排除してはならず、包み込まなくてはいけないという意味です。だから、「君はこういう子だから、学校教育を受けなくていい」とか、「サービスをしないよ」と言ってはいけない。どの子どもにも同じように包み込まなければいけないのであって、教育・医療・福祉・労働などあらゆる面で差

別をしてはいけないということです。

　二つ目は、〈合理的な配慮 reasonable accommodation〉、つまり適切な支援を提供しなさいということです。このリーズナブルというのは難しいです。いったん物事が決まると、何がなんでも明日からそうしなさいと言う人がいますが、実際にはそれは無理です。でも私たちはゴールを決めたら、できるだけ速やかにそれをやっていこう、できるところからやっていこうという合意をしながらやっていく。これが合理的ということなのです。

　かつて「統合教育」というのがあって、たとえば知的障害のあるお子さんは通常学級でみんなと一緒に入れなければいけないと言われた。人間として一緒に育っていかなければいけないということは当たり前です。私には障害をもった弟がいましたが、家の中でみんな一緒です。でも、社会に出ていくと、僕は認められるけど、弟は認められないことがあったわけです。みんな大事な人間なんだよというのがインクルーシブな考え方です。

　しかし、みんなが同じ教室で同じ教科書を使って、同じことをやればいいのかというと、それは間違いなのです。その子に合ったことをして、その子はその子なりに身の立つようにしてやることが大切です。そういうしなやかなインクルージョンが大事で、これが合理的なというもう一つの意味でもあると思います。

特殊教育から特別支援教育への転換

　IQ が 70 とか 75 より低い子たちは、通常の教育で教えても苦しい。だから、その子どもにあった教育、つまり特殊教育をやりましょうという考えから〈特殊教育〉が生まれたのです。知的障害の子たちは、通常の子たちと同じやり方で教えるのでは苦しい。だか

らその子たちを特別に配慮しましょうというのが初期の考え方でした。

　もう一つは、目や耳や身体の具合の悪い人はわかりやすい。たとえば目の見えない人に、「あれをよく見なさい」とは誰も言わない。聞こえない人には手話を使ったりする。身体障害者の方に、「走れ！」とは言わず、車椅子を使ってどれぐらい一緒に走れるかな、とやるわけです。そういう身体の状態に合わせて配慮しましょうとなります。これが〈特殊教育〉だったわけです。

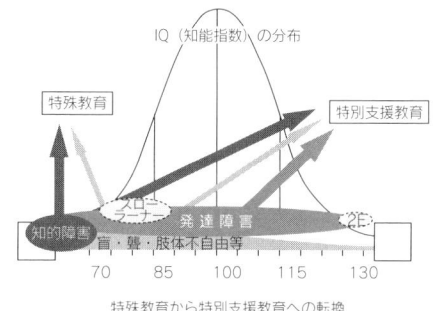

　しかし、ここで問題なのは私たちはこういうふうに障害のある人をちゃんと理解してあげることは大事なのですが、どういう理解をしようかとしたときに線を引っ張ったのです。そのために障害の判定とか、療育手帳を出すとか、経済的に支援するときにも線を引くのです。行政的にはやむを得ないことなのですが、線を引いたときにしてはいけないことがあるのです。それは何かというと、二種類の人間がいるかのような、障害と障害のない人がいるという誤解です。二種類の人がいるわけではなく連続しているのですが、線を引いたため、真ん中にいる中間の人が抜け落ちてしまいがちになります。

　みなさんも同じだと思いますが、お医者さんに行って、あなたは病気ですと言われたときから病人になるわけではない。病気で具合が悪くなるということはもう病人になりかけている。治るときもそうで、薬を飲まなくなったら初めて病人でなくなるわけでもない。そういうふうに多くのことは連続している。だから、連続しているということを忘れてはいけないのです。

　私が冒頭に「僕もLDなんですよ」と言いました。以前に新聞社

から電話がかかってきて、「上野先生、LDってカミングアウトされたそうですけど、先生も障害者だったんですか」と言われました。障害と言えば障害なんだけど、「うーん」って、ちょっと頭を抱えました。私が言いたいのはそういうことではなく、私もLD的な要素がたくさんあり、普通の人よりはよっぽどLD。家内に「普通じゃない」とちゃんと宣言されたわけですからね。でも、私はそれでいいと思ってる。むしろ私はそういうところがあることを思い知らされて、いいじゃないのと思っています。LDだってここまでやれるんだよと言いたいわけです。

　要するに、私が強調して言いたいのは連続しているということ。ですから、発達障害の子どもたちというのはその意味では中間的な子どもたちで、今まで援助がいらないと思ってたけど、この子たちも時には援助が必要だということを知らしめる言葉だと思うのです。

　〈特別支援教育〉と名称を変えたのは、〈特殊教育〉ではもうついていけなくなったからです。これまでの知的障害や身体障害だけでなく、新しい発達障害の子どもたちも、中間的な子どもたちも一緒にやっていきましょうということになりました。でも、これでもまだ足りません。知的障害でも発達障害でも、盲でも聾でも、視覚障害でも聴覚障害でもないけれど、たとえば知能がちょっとゆっくりしている正常範囲にいる子どもがそうです。そういう子どもたちはやっぱり勉強面で気をつけてあげないと落ちこぼれやすい。そういう落ちこぼれた子どもたちに、日本の学校や親は、「頑張れ、頑張れ」とただ励ますだけで、具体的にうまくやれる方法を教えない。その結果として、不登校にもなったり非行を起こしたりもします。本来、彼らはすごく力を持っているんです。

　セーフティネットとしてのLD概念
　私はLDの傘が開くといいと考えています。要するにLDという

のはやや曖昧な教育概念なのです。アメリカで作られ、1963年にブレイクした言葉です。アメリカ人というのは定義を厳密にとは言いません。困っている子がいたら、とりあえずその概念を作りましょう。作ってから直していきましょうという国です。だから、最初はLDというと、微細脳機能障害（MBD）とか、コミュニケーション障害の一部や聞く・話すの障害もこのなかに入ってきたりもしました。さらに、不器用な子どもの発達性協調運動障害（DCD）やキレやすい子どもの反抗挑戦性障害（ODD）もそのなかに入っていました。医学の用語でディスレクシアもそうで、LDとは30%から50%近く重複すると言われる〈ADHD〉も含まれます。そして〈高機能自閉症〉です。以前は、自閉症の70%ぐらいは中重度の遅れを伴うと言われていました。ですからダスティン・ホフマン演じる「レインマン」の映画がでたとき、あれは自閉症じゃない、あんな頭のいい自閉症なんてないと言われました。しかし、あれも自閉症の一つで、知能の高い自閉症というか、知能の遅れてない自閉症であり、〈高機能自閉症〉なのです。高機能自閉症のなかでも会話力に問題がないものを〈アスペルガー症候群〉と言います。やがてはこの高機能自閉症とかアスペルガー症候群は全部〈自閉症スペクトラム〉として数年後にはおそらく括られていくでしょう。今まで認められなかったこれらの子どもたちがLDという大きな傘のなかに入っていたことは事実です。つまり、LDの概念というのは、そういう傘のような役割をしてきました。概念として厳密な定義ができるまで放っておくのではなく、目の前に困ってる子どもがいるのなら、とりあえずLDという名前を使ってやれることをしてみようとしました。この考え方は大事で、やはり教育概念として広がって

MBD（微細脳機能障害）
コミュニケーション障害
DCD（発達性協調運動障害）
ODD（反抗挑戦性障害）

ディスレクシア
ADHD
高機能自閉症
アスペルガー症候群

セーフティネットとしてのLD概念の登場

いた特徴かもしれません。

　LD学会は二つの特徴を持っています。一つは、学者や専門家だけではなくて保護者や先生たちと作ったのです。現在19年目になろうとしていますが、もっとも元気のある学会と言われ、会員は7000人を越えています。もう一つの特徴は、LDということに関してです。知的障害となかなか診断がつかない軽度の知的障害のLDもいれば知能の高いLDもいます。あるいは自閉症やADHDのあるLDもいます。もちろん厳密なLDの場合もありますが、LDの周辺にいる子どもたちは今まさに理解と支援を必要としているのですから、みんな一緒にやるのがいいわけです。そういう傘のような役割を忘れず、排除しないというのが必要です。その意味では、厳密な定義を作っていくことも大切ですが、同時に、そのような困ってる子どもをLDという名前で救えるのならそれに越したことはありません。

　私は、LDというのは、こういう理解と対応を通して子どもたちに愛を夢を届けるものだと思っており、Love & Dream、これもLDだと言ってます。

　20年前に私がアメリカに行き、「LDの勉強をしに来ました」と言うと、向こうの進歩的な学者が「ああ、LD？」と、もう私は飽きちゃったみたいな顔をして、「僕はLearning Differencesという言葉が好きだ」と言われました。私はLDでさえよくわかっていないので、そのときは「ちょっと先生、勘弁してよ」と思いましたが、今やっとわかりかけてきました。

　つまり、厳密なLDも、医学のLDもある。イギリスのような勉強のできない子どもという捉え方もある。だけど、もう一つ、LDはそういうことを全部ひっくるめて、大きな傘として、学び方に特徴のある子なのです。先生方がいくら教えてもうまく教えられない。それは子どもがなまけてるわけではなく、その子に特徴がある

からなのです。そういうときに先生が、「あれ？　この子は僕の教え方じゃ通用しない。けど、この子はここまで自分なりのやり方で、何かを身につけてきてるんだな」と考えてくれたらすごくありがたい。それが Learning Differences（学び方のちがい）ということをわかってる先生なのです。

　特別支援教育体制の整備と必要な取組
　2007年4月、法律が〈特別支援教育〉に変わったとき、全国の教育長に特別支援教育体制の整備を図るよう、校長の責務として定められました。校長の責務と書いてあるわけですから、校長が先頭に立ってやらざるを得なくなりました。この四番目と五番目は特に覚えておいてほしいのですが、ここにある「個別の教育支援計画」というのは発達的に年度を越えた長い処方箋です。「個別の指導計画」というのは1年単位の短い処方箋です。具体的なこの二つの計画を作りなさいと言ってるのです。文科省は全国の校長先生に対してこれを発信したわけです。
　この6つの責務について、毎年9月1日にサンプリング調査を文科省は全国でやります。2003年からそれがどれだけ進んだかを見たグラフですが、どんどん上に上がってきています。遅れているのが専門委員会で、専門家のチームというのがちゃんと起動していない。それから個別の指導計画と個別の教育支援計画はちょっと遅れてる。もうあと10年したら全部100％となってほしいと思います。でも、こういうふうに上がってきてることは確かですし、それは嬉しいことです。
　幼稚園・小学校・中学校・高等学校の、先ほどと同じ項目について、どれだけ差があるかを見たデータもあります。小学校・中学校は結構頑張っている。幼稚園が今追いついてきてるし、高等学校も一気に変わってきています。

通級による指導を受けている子ども

2006年から通級による指導のなかに初めてLDやADHDも入れなさいということになりました。それまでは言語障害が中心で、情緒障害もその対象でした。制度が変わった翌年は自閉症と情緒障害に分かれましたが、数はそれほど変わらない。しかし、LDとADHDが加わってから毎年どんどん増えていっています。潜在的には5、60万人はいると推定されるわけですから、この数値は3万人ぐらいなので、まだまだ増えると考えられます。情緒障害のなかにも、少し自閉がらみの子がいたり、行動上の問題があって適用の問題といわれる子も入っています。言語障害は数的にはほとんど変わりませんが、子どもの数が減ってるなかで、発達障害系の子どもはこんなに増えているわけです。ですから、今は小学校がものすごくこの波が激しいのですが、中学校がこれから追いつこうとしています。やがては高等学校、今度は大学などの高等教育へも来るということです。

現在は、通級による指導のなかで、言語障害が半分ぐらいで、LD・ADHD・自閉症が増えてきている状況にあります。日本では自閉症の歴史は結構長く、自閉症の大変なことや自閉症の理解をしっかり理解してやってほしいのです。知的障害が伴った自閉症と、知的障害が伴わない自閉症もある。あるいは自閉症だけでなく、LDもそうなんですけど、少し知能の低めの自閉症やLDと、知能は全体としてはそんなに低くない自閉症やLDというのは、それぞれ扱いが違います。そういうことを、子どもの様子を見てわかるということが大事です。診断名が先にくると「うちの子はLDであって、知的障害ではありません」と言うけど、知的障害に相当近いLDもいるわけです。だから、診断名だけであまり振り回されてはいけないと言いたいです。

望ましい指導形態のあり方

指導形態のあり方も大切な問題です。支援を受けるというけれど、軽い子どもはほんの少しの支援でいいわけです。そのほんの少しの支援を受けるときに、よその学校にわざわざ行くのが本当にいいことなのかと考えさせられます。これは病院モデルと言い、「あなたは病気だから病院に行って治してらっしゃい」ということと同じです。ところが、発達障害というのは、キャッチアップというか、追いつくのにやはり数年かかります。そうだとすると、よその学校までに支援を受けに行くということは、行っている間、他の授業はどうするのということでもあるでしょう。だからやはり身近で、支援を受けるということが当たり前にならなければいけないのです。

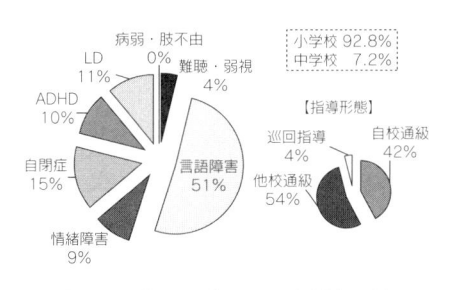

もう一つ言えば、この20年の間に家庭の形態がずいぶん変わってきました。共稼ぎで働く女性が増えました。離婚率も高くなり、母子家庭も増えました。そうすると、働き手のお母さん一人が子どもを通級学級に連れて行くことが求められたら働けません。事実、仕事を休めないから通級を利用できないという例があります。必要な支援が受けられないというのは、義務教育である以上はある種の法律違反だと思います。

法律違反にしないためには、身近なところにそういう支援の場を作るとか、タクシー代など通うためのお金やスクールバスを出すとかしなければいけないと思います。サービスとか支援というのは、利用しやすくて効果がなければ意味がない。だからいつもそのことを考えながらやってほしい。「制度を作った」では駄目だし、「制度があるよ」でも駄目です。それが利用しやすくなっていて、本当に子どもにとって効果がなければいけない。文科省にも言っているこ

とですが、通級による指導を受けている子どもたちが何人増えたなんてことで得々としていてはいけないと。通級による指導を受けて、「もう、いいよ」とそこを卒業した子がどれだけいますかということで勝負しなさいと言っています。つまり、それは効果があったということでしょう。アメリカでLDの専門の学校に行くと、子どもたちはここへどれぐらい来てますかと質問すると、だいたい2年以内と答えます。つまり、彼らはここで1年、2年の期間で追いつく教育を受け、それを集中的にやって、また前の学校に戻っていくのです。だから戻れなかったら効果があるとは言えないのです。そうしたことを胸に刻んでほしいです。

LDの理解の仕方

　LDとADHDと自閉症は総称して発達障害と言われていますが、ADHDと自閉症は医学の専門用語で、LDはどちらかというと教育の用語という側面が強いと言えます。アメリカではLDの診断が多いのですが、LDの診断はスクールサイコロジスト（学校心理士）や臨床心理士もします。お医者さんに行くとお金がかかるという理由もありますが、その点が日本と事情が違います。

　LDの理解について、このように考えてはいかがでしょう。
　みなさんの頭の中には知識の整理ダンスが入っています。ファイリングボックスと考えてもよく、頭もコンピューターと同じなのです。たくさんの情報を過去の情報の中に入れて整理をし、必要に応じて取り出すということをしています。ただ、人間の場合はこれに感情が加わっており、そこがすこし厄介なところでもあります。もしもその引き出しのあちこちに不具合があるとしたら、それは知的

障害と考えてもよいかもしれません。LDの場合は、引き出しのあちこちではなくて、定義的に言えば、聞く・話す・読む・書く・計算する・推論するという、とくに基本的な勉強に関わる一部分の引き出しが一ヵ所かもしくは数ヶ所、動きが悪いのです。だから、みんなと同じように授業を受けていても、なぜかそこの部分ではうまく学べなかったり、定着がうまくいかない。

　ところで、みなさんの脳の引き出しが全部完璧に動いているかというとちょっと疑問です。たとえば、お酒のお銚子１本飲むと500個ぐらい、ビール１本飲むと1000個ぐらいの脳細胞が壊れていくそうです。だからお酒をよく飲んでいる人はいい歳になると、人の名前を覚えられなくなったり判断力が悪くなったりと、おかしいことがいっぱい起こってきても不思議はありません。LDの子たちは若いときから、たとえば名前を覚えられない子がいたりします。ある子は「ネエ君」って呼ばれていました。友達の名前を呼ばないで、「ネエ、ネエ、ネエ」って、みんなネエなのです。先生に対しても、男先生、女先生とか、男女の区別しかつかないのです。これ以外にも絵の下手な人、地図の読めない人など、小さい頃からその引き出しの調子が悪かった人もいるかと思います。また、老化により急速にそれが悪くなっていく人もいます。だからLDの気持ちは、お年寄りの方はすごく共感できるのではないでしょうか。

　要するに、子どもたちにとっての勉強の王道は、先生の教えてくれる勉強がおもしろい、先生とならやりたいというように動機づけることです。それに加え、この子はどこまでできているか、どういう速度だとついていけるか、いっせいでやるのは難しいけど個別だとやれるなど、一つ噛み砕いてやるというスモールステップが大切です。これが学習の法則化です。

ワーキングメモリーで差がつく

　LDの理解において、もう一つ大事なことがあります。それは、その子の脳の引き出しは全体としてはどのぐらいの働きがあり、どの部分の働きが特に苦しいかということを見ていくことです。そのなかで近年ワーキングメモリーがすごく重要視されています。

　同じ子どもでも、すごく覚えのいい子と悪い子がいます。何が違うかというと、知能検査でワーキングメモリーのところに特徴が出るのです。

　そのことを簡単に説明します。

　たとえば、みなさんが洗濯物を取り込み、それをそのままグシャっとタンスの中に入れたら、出すときどうでしょうか？　時間かかるのではないでしょうか？　ところが、洗濯物を下着とワイシャツとに分けたり、しっかり畳んだりしていると、取り出すときは楽でしょう。人間の脳も同じで、何か覚えようとするときに、仕事する人としない人がいる。仕事というのは、先生が一生懸命教えてくれたことをただ声に出して読むだけじゃない。読みながら考えたり、整理をする。これが仕事（ワーキング）なのです。覚えようとするときに、自動的にそういう仕事をしている人もいれば、一生懸命繰り返し、繰り返し覚えようとする人もいるわけです。これがワーキングメモリーの差なのです。

　そういうことを考えると、勉強のできない子どもに対して、丁寧に繰り返し教えればいいだけではなく、その子の引き出しに合わせた教え方を見つけてやらなければならないのです。子どももそうすると絶対楽になります。また、LDだけが勉強ができないのではなく、自閉症もADHDの子どもさんも結構いろんなところで重なる部分が多く、学習においても癖があります。そのような認知の問題というのは、LDと共通してる部分が発達障害系の子どもにはたくさんあるということです。

ADHD とは

ADHD の特徴は、多動性・衝動性が目立つことです。それからもう一つは、注意力において非常にムラのある子です。調子がいいときはできるのですが、調子が悪いと知的障害のお子さんと似ていることもあります。特にこの注意力の問題は、薬が効くと言われています。だから、私は ADHD のあるお子さんの場合には信頼できるお医者さんを是非紹介したいと思います。

そして、ADHD の教育相談をする場合、先生も頑張るけれども、保護者と一緒になって、この子をなんとかしようとしなければうまくいかないと思います。親御さんのなかには、お宅のお子さんはこうですよと伝えるのが結構厄介だったり、トラブルになったりしやすい。親にしてみると、一生懸命やっているのに、なんか宣告されるみたいで辛いわけです。その一方で、親はこの子の特徴に薄々気づいおり、この子をちゃんと理解して、いい方向に行くのならという気持ちもあるのです。

だから、私はまずその子のことをまず理解するようにします。その子を理解するもっともよい方法は、その子の良いところをちゃんと見つけることです。親は薄々気づいていて、いろんなことを言われるのではないかといつもビクビクしています。だけど、そんなときに、「お母さん、お宅のお子さんはとっても魅力的ね。こんなことできるのね。あんなこともできるのね。こういう特徴があるよね」と言われると、ちょっといい気持ちになられます。それから次の話になっていき、「こういう特徴があるけど、なんとか今のうちにした方がいいかもしれない。いい方法があるみたいだよ」と進んでいく。やはりそういう順序が大事だと思います。

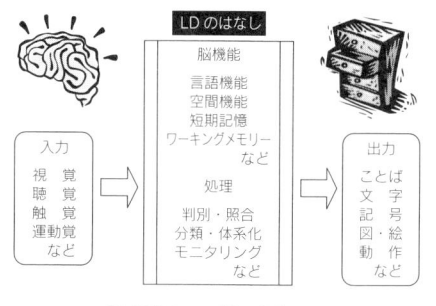

LDのはなし

脳機能
言語機能
空間機能
短期記憶
ワーキングメモリー
など
処理
判別・照合
分類・体系化
モニタリング
など

入力
視　覚
聴　覚
触　覚
運動覚
など

出力
ことば
文　字
記　号
図・絵
動　作
など

脳は情報のファイリングボックス

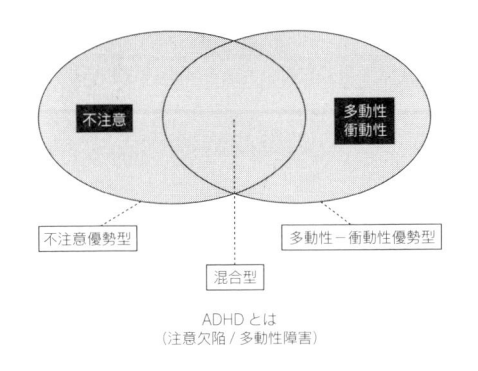

図：ADHDとは（注意欠陥／多動性障害）
- 不注意　／　多動性・衝動性
- 不注意優勢型　／　混合型　／　多動性－衝動性優勢型

ADHDのお子さんで、ある程度知能が高い場合は、意外と想像力があります。考えるときに、行動は落ち着かないけど、考えも落ち着かない。いろいろなところにセンサーが張り巡らされていてよく気がついたりもする。ときには思いやりがあるとも言われたり、自己主張ができるとも見られたりします。そう見られるのは、自分があることがしたくなると我慢できず、答えを思いつくとすぐに答えてしまう。だから、自分のことばかり言いたくなって自己主張があるように見える。良く言えば自己主張であり、ある意味ではわがままな子ともとらえられる。決断力もあるように感じたりするときもあります。裏返せば、よく考えないということでもあります。

ADHDの子どもはいろいろなことに気がつきます。余計なことに気がつくのです。そのため、学校でも先生が「これから国語の時間だ。さあ、教科書開いて」といった瞬間、「先生。今日、家で喧嘩でもしたの？」などと変なことをズバリと気づいたりするものです。そういうのはときには思いやりにもつながるし、なかなかの熱中力と言えるかもしれません。いいところをしっかりと認めてあげて、子どもも親もこの先生はちゃんとわかってくれていると感じるからこそ、先生の厳しい言葉が入るのです。

自閉症とその仲間たち

自閉症に近い子どもの診断名で〈広汎性発達障害〉というのは、あまりに広がり過ぎていて少し曖昧な言葉です。数年後にはアメリカの医学の診断書からは消えると言われています。〈自閉症〉というのは、対人関係の問題とコミュニケーションの育ちにくさと、こだわりの強さ、イマジネーションの広がりにくさという特徴を持つ

ています。知能が 70 ないし 75 以上あれば、はっきりと知的発達に遅れていないので、〈高機能自閉症〉と言うのです。高機能自閉症のなかでも、比較的コミュニケーションが保障されている子どものことを〈アスペルガー症候群〉と言います。やがては「自閉症スペクトラム障害」という言葉で、こういう子たちを全部含むだろうと言われています。

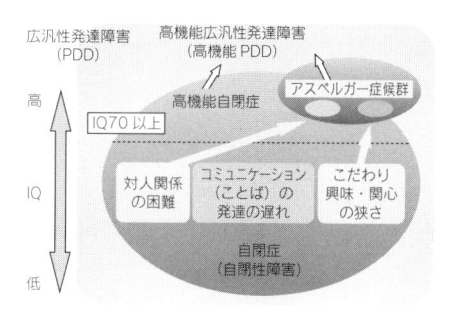

 では、こういう子どもたちとどうやって付き合うかを考えてみたいと思います。彼らは何に興味を持っており、何が好きかがわかりやすいところがあります。同じことを何度も言いますし、あまり変わったことは言いません。また、遠まわしの表現は通じない。たとえば、「お風呂見てきて」と言うと、お風呂しか見に行かないとか。電話に出てきて、「お母さんいる？」とこちらが言うと、「はい、おります」と言うだけで、母親に電話を代わらない。そういう気が利かないところがある。だから具体的に次々と「ああして。こうして」というと、相手もだんだんわかってくるのです。

 それから、しつこいということがあったり、じつは社交辞令が通じない、忘れずによく覚えているということもあります。彼らと約束するときには、普段われわれがしているみたいに「じゃ、また今度行こうな」なんて言わない方がいいです。そんな言い方をすると、「いつですか？　いつですか？」と聞いてきます。必ず約束が果たせるかどうか確認し、自分の心に一度問うてから彼らと約束をするように私はしています。

 新しい変化に弱い人もいます。みなさんはよく誤解をして、自閉症の子どもは飽きない、いつまでも同じことをしていると思っている人がいますが、それは間違いです。彼らは新しいことが恐いので

す。疲れるのです。だから、やり慣れたことをしたがります。やり慣れたことのなかでも、ちょっとした新しさも感じたりもします。また、彼らだって飽きるのです。しかし、飽きたということを上手に伝えられない。そこを誤解されていると思うことがあります。

さて、そういうなかで知能の高い自閉症、つまり〈アスペルガー症候群〉の人たちは、イギリスなどではアスピーズって言いますが、彼らのなかには社会で活躍している人が大勢います。多くはコンピューター関係で、コツコツと緻密にやったり、文字を使わないで、グラフィックスとか映像とかの分野で活躍している人もいます。写真家などでも有名な人がいます。

あるいは、動物調教師もおられます、人間の気持ちさえ伝わりにくい自閉の子どもに動物の世話なんか、なおさら無理だと思っていたら大間違いです。人間は複雑で訳がわからない。しかし、動物はきちんと世話をしてくれる人を信頼します。逆に、虐待の例では、すごく子どもを猫可愛がりする一方で、恐ろしいほど突き放したりする場合がありますが、こうした扱いを動物はもっとも嫌います。私たちよりもすごく敏感なところをたくさん持っている自閉症の人たちは、動物のように安全な相手を感じたり、安定した世話を好むので、そういうことがとても上手な方だったら、動物調教師は合うでしょう。私の知っているLDに近い子で二人、介護の仕事をしている人がいます。二人とも本当に献身的にやるものだから、すごく信頼関係がある。

もう一つ職業のなかで多いのは、職人です。日本では職人の伝統文化がありました。ところが刀鍛冶でも櫛作りでもいいのですが、親から受け継いだものをコツコツやっていて、その人にしかできない仕事領域がどんどん減ってきています。そのような分野に彼らのようなある種の才能を持った子どもたちを集めて、日本職人学校などを作ればよいかもしれません。

支援に対するさまざまな変化

　学校において、最近、親たちの姿勢が変わってきました。昔は「わが子のことを放っておいてほしい」と言う親が大勢おられましたが、最近は「通常学級ではどうにもならないから、何とかしてほしい」という相談があがってくることが多くなりました。小学一、二年生などにもそれが多く、相談が早くなっているのです。障害の程度が重くても軽くても、支援は早い方がいい。その意味では、親たちが早くそれに気がついて、支援を求めてくれるというのが大切です。ただ、親の気持ちとしては、支援を求める一方で、通常クラスで目立たないようにやってほしいという気持ちの強いことも事実です。

　また、支援が必要なのに子ども本人がそれを喜ばないという理由で支援をしない、という事例にときどきお目にかかります。これは決して望ましくはありません。たとえばお腹が痛いとか、気持ちが悪い、頭が痛いという子どもがいたとすると、その子に「我慢しなさい！　我慢が大事よ！」と言うでしょうか？　おそらく「保健室に行きなさい」と言うでしょう。それと同じで、勉強でつまづいて苦しい、友達とうまくいかないと苦しんでいるわけです。子どもからすると早く手を挙げたいのだけど、今の日本ではなかなか手を挙げられないのです。大人になるともっとそれが強くなります。

　発達障害支援センターの先生が言われていましたが、いろいろなことやってあげたいけれども、来なければ何もしてあげられないし、だからこそ、小さいときから困ったら「困った」と、手を挙げる習慣をつけなければいけないと思うのです。「子どもが嫌がるから支援は結構です」というのは、これまでの悲しい歴史の結果でも

あります。

　もう一つ言うならば、知能検査のあり方が以前と比べてずいぶん変わってきました。以前は「知能検査は差別の道具だからやるべきではない」といった馬鹿げたことを言う人もいました。しかし、今はLDのお子さんに知能検査などの心理アセスメントをやらないでプログラムを作るということは、目隠しして運転しろということと同じとまで考えられるようになってきました。

　教育相談で大事なのは、知能がどのレベルにあるかは、発達障害系の子どもにとっては一つの情報として必要なのです。ただし、それが絶対ではありません。けれども、知能検査も何も使わないで、発達障害の子どもを見立てるとするならば、その子どもの将来の進路や将来の自立の姿をイメージすることはできないと思います。このことは親にしてみたら辛いことかもしれません。IQが60と70ぐらいの子がいたとしたら、両者の区別がつかないこともあります。なかには、IQが60であっても、普通のお子さんよりよっぽど自分の身のまわりのことがちゃんとできる子だっているわけです。親はそれで安心するかもしれません。しかし、安心できる部分と、それで期待しすぎたら子どもが苦しい場合もあるわけです。逆に言えば、IQが70以上だったとしても、全然信用できません。そこに偏りがあるとした場合には、その子のIQのレベルは一旦は知るわけですが、どんな問題がこの子を困らせているのかをもっといろんな角度から調べなくてはいけないわけです。IQはそうした指標の一つですし、知能検査や認知検査もそのための道具なんです。

　これからの特別支援教育のあり方
　〈特別支援教育〉というのは、通常学級の中で、先生がそれに理解をしていくことが第一歩となります。理解している先生に出会う

か出会わないかが大きいと思います。

　二番目には、一人の先生が手が回らないときは支援の先生が入るというチームティーチングです。あるいは支援員や指導員が入って、先生と一緒になって手を掛けるという段階もあります。不注意な子どもに対してちょっと注意をしてあげるとか、ちょっとわからないところがあれば、横から丁寧に繰り返して教えてあげるとかがそれです。

　また、同じ教室の中での授業ではもう追いついていけないときは、短期的に取り出し指導をしていくことも必要です。授業では割り算や分数をやっているのに、掛け算が定着してなければ、早く掛け算を完成してやりたいのです。ただ、取り出したらそれで全部解決するわけではないから、手順が大事です。また、教室から取り出して、完全に切り離してしまったり、あるいは別の場所に置きっぱなしではだめです。たとえば特別支援学級に籍があったとしても、給食とかいろんなことが楽しめたり、ついていけるような授業は通常学級に戻すべきです。「これをしっかりやれば、通常学級でもついていけますよ」と親に言うと、親も知的障害の学級に籍があっても賛成してくれるケースがずいぶん増えています。

　特別支援学級の役割と指導力

　魅力的な通級指導を盛んにしてくためには、教科の補充指導をもっとしっかりやることです。勉強で落ちこぼさないようにしなければなりません。アメリカだったら、通級指導の先生（リソースルームティーチャー）は普通の先生よりも給料が高いし、力があるのです。普通の先生の上にさらにトレーニングをして、夏休みなんかに特別支援教育の資格を取得するのです。だから、そのような努力した力のある先生には高い給料を出した方がいいと思います。本当はそれぐらいして、専門的な指導力を持った先生を増やさなくては

小・中学校（義務教育）
　↓
就学前教育・高等学校への広がり
　　↓
　　大学（高等教育）への広がり
　　　↓
　　　社会人としての自立と社会参加
　　　支援される側から支援する側へ

　　　ライフステージを通しての支援

　そして、先ほども述べたように、長い時間抱え込まないようにすることです。「特別支援学級に来るのを減らそう」とか、「もう来なくてもよくなったね」とか、「なにか困ったらいつでもおいで」とか。そのようなケースを増やすことによって、そこの回転が良くなり、子どもがより来やすくなります。親も、通わせやすくなるのです。「あそこは役に立つよ」という認識になります。大切なのは、「受け入れてあげた」というオアシス機能だけではなく、そこからきちんと元へ戻れるジャンプ台とか発射台になっていくことだと思います。

　高等教育が大きく変わる
　小中学校という義務教育から、今は幼稚園や高等学校へ広がり、それが大学などの高等教育まで特別支援教育が広がりを見せています。そして最後は何かというと、自立して社会参加することなのです。親がいなくなっても一人で生きてくことなのです。
　そのようななかで、高等教育が大きく変わります。センター試験における障害の種類にはこれまで視覚障害、聴覚障害、肢体不自由、病弱とその他であったのですが、五番目の種類として発達障害が入りました。そのためには医者の診断書と学校長の状況報告意見書を出すように求めています。
　センター試験の受験特別措置としてどこが変わったかというと、試験時間の延長を認めたり、解答用紙のマーク欄を丁寧に塗りつぶさなくてもチェック回答で採点してくれます。小さい字だと、読むのに時間がかかる場合には拡大文字の問題冊子が配布されます。それからさまざまな措置を受けるための別室受験というのもあります。

これらは彼らにとっては非常に有利です。たとえば、ある年の例でいえば、本を読むときに、通常では読めないから、定規使わしてほしいというのがありました。ある子はハイライトペンを使わせてほしいとか。あるお子さんは白と黒の字ではなく、黄色い地の下敷きを使うと読みやすいという視覚認知の特徴を持った人もいました。その子の場合には薄いセルロイドの黄色い下敷きを置かせることが認められました。自閉症のお子さんなんかで、すごく他人の目が気になって仕方がないとか、考えるときに声を出してしまうとか、すぐにパニックを起こしやすいとか、そういう場合には別室受験が認められます。
　さらに、2011年度から付け加えたのは、注意欠陥多動性障害の不注意な子に対する特別な措置です。口で言ってもわかりにくい場合は、注意事項と伝達する場合は文章でしてほしいと要求することができるようになりました。
　このようなセンター試験の受験特別措置を求めた人は2010年度は100人程度でした。おそらく数年のうちに数百人、10年経たないうちに千人を超えるだろうと言われています。センター試験が変われば、おそらく医者の発達障害への見方も変わり、しっかり検査をして診断がなされるだろうと思われます。また、過去にそういう記録や措置、状況、個別の指導計画や支援計画などが残っていればより理解されやすいので、高等学校の基本的な理解と対応も変わると思われます。さらに、入学をさせた大学にも責任があります。そういう子たちの受験特別措置をセンター試験では認めて、二次試験はどうするのという問題になるので、これはそれぞれの大学がこれから考えていくことになります。

ま と め

　LDという切り口から、私は「障害というのは、理解と支援を必要とする個性だ」ということをお伝えしてきました。障害のなかには、はっきりとわかるのもあれば、連続してるものもあります。私たちはその連続してることのなかで苦しんでいる子どもたちに対して、その子たちに合ったことをきちんとわかってあげ、その子に合うことをしてあげたいと思っております。

第 3 講

共に生きるための関係発達臨床
―― 「子どもは育てられて育つ」という素朴な考え方に立ち還って ――

鯨岡　峻

The 3rd Lecture

　私は今の子育て、保育、教育に浸透している大人の強い「させる」働きかけ（能力獲得に向けた強い働きかけ）は、太古から続いてきた人間本来の子どもを「育てる」営みを破壊することに繋がってきたのではないか、そしてそれをリードしてきたのが従来の「発達」という考えではなかったかと考えています。そのことが発達臨床にも大きな影響を与えてきたのではないかと考えています。そこでまず、従来の発達の考えがもたらしたいくつかの問題を考えてみます。

　早い発達の願い
　これまでの発達観は、個の能力面に定位することによって導かれたものです。ところが、「何歳になれば〇〇ができるようになる」という知能検査や発達検査に代表されるこの能力発達の見方は、発達心理学という学問の枠を超えて、保育学や教育学に大きな影響を及ぼし、さらには、親、保育者、教師の子どもを見るまなざしにいつのまにか浸透するようになりました。そして「育てる」とは能力を身に付けさせることであり、発達を推し進めることであるという「常識」をいつのまにか生み出すに至りました。
　昔から「這えば立て、立てば歩め、の親心」といわれてきたように、子どもの成長を望まない親はいません。しかし、成長を期待し、それが時間経過のなかで現実のものとなってゆくのを喜ぶ親心と、同じ年齢の子どもの平均的な能力と比較して一喜一憂する今の親の心のありようとのあいだには、大きな違いがあります。
　実際、多くの親は、昨今の社会文化動向のなかで、なぜか「発達

の階段を早く高く上った子どもが将来幸せになる」という幻想を抱くようになりました。親にそのような幻想を搔き立て、それをリードし、その動向に拍車をかけたのが、今述べた「発達」の考え方の浸透だと思うのです。

発達の「遅れ」と「発達促進」という考え方

この能力発達観は、障碍のある子どもに対して健常な子どもの平均的な能力発達の進度を示す尺度をあてがい、その平均からの「落差」を「発達の遅れ」としてその成長を考えることを促しました。こうして障碍のある子どもに対してはその「遅れ」を取り戻すための働きかけを行い、それによって発達を促進し、その子の発達の可能性を最大限に引き出すことが、その子の発達を保障することになると考えられるようになり、その療育や教育の成果もまた、「できることがどれだけ増えたか」というように「発達」の尺度上で測られるようになりました。

確かに今日、障碍児教育は「特殊教育」から「特別支援教育」と衣替えされ、建前上は、これまでの「発達促進」に向けた大人の強い「させる」「与える」教育から、「子どもの一人ひとりの教育的ニーズに応える」教育へと大きく方向転換したと言われます。しかし、その理念とは裏腹に、実際の教育内容は従来の「させる」教育、「頑張らせて褒める」教育と大差ないものに止まっているように見えます。その理由は多々あるでしょう。

しかし何といっても、発達の考え方が従来どおりの能力発達の見方のままに止まっていて、そこになんら変更が加えられていないところにこの教育改革が進まない最大の理由があると私は考えています。「応える」教育の効果を「させる」教育の屋台骨となってきた発達の尺度に照らして測ろうとするのは、明らかな「捩れ」だと思うからです。従来の発達の尺度に照らして「遅れを取り戻す」こと

が教育の目的に据えられる限り、従来どおりの発達促進教育、つまり「させる」教育に回帰するのは理の当然です。

従来の「発達」の考えの弊害

「たくさん与えれば力がつく、力がつけば幸せが待っている」。このような能力発達主義が子どもを「育てる」という営みに深く浸透するとき、子どもに対しては、絶えず努力することを求め、努力が成果を伴えば大いに誉め、成果を伴わなければ冷たい目で見て蔑むという大人の態度が自然に導かれます。

こういう大人の態度の下で子どもはどのように育つかといえば、子どもが自分に自信をもって思う存分に仲間と交わり、いろいろなものに興味や関心をもって意欲的に学ぶ、という子ども本来の生きる姿勢が見失われます。これが今の健常児たちの学習意欲の乏しさ、青年の自己肯定感の乏しさなど、心の育ちの問題に繋がっていることは明らかです。

他方、障碍のある子どもについても、親が「その子なりの発達の可能性を最大限に引き出すことができれば」と控えめに考える場合でも、そこで考えられている「発達」は能力面の進歩・向上なので、この場合も結局は子どもに「何かをさせて力をつける」という発達促進の働きかけへと傾斜することになります。

教師の場合も同様です。子どものためによかれと思うその「させる」姿勢は、しかし、「子どもの思いを受け止めて」という本来の子どもを「育てる」営みの根本を見失わせ、子どもの心の面に目を向けることを妨げます。そして目に見える能力面の育ちを期待するあまり、絶えず子どもに努力することを求めることになってしまいます。まるで発達の階段を昇らせることが教師の役目であるかのように考えて、次々に何かを「させる」ことへと教師自身、追い立てられていくのです。

ここに、従来の発達の考えを見直し、子どもの心の面に定位することのできる新しい発達論が必要となる理由があります。

新しい発達論の構築に向けて

　私の考える新しい発達論、つまり関係発達論は、子どもの能力発達という一次元的な発達の考えに立つのではなく、むしろ素朴に、「子どもは育てられて育つ」という、一見当たり前の考え方に立ち返るところから出発します。この考えに立ち返れば、子どもも、それを育てる親も、その親を育てた〈親の親〉も、それぞれが自分の生涯発達過程を進行するなかで、「育てる－育てられる」という関係を生きていることが視野に入ってきます。つまり、子どもは周囲との関係の中で「育てられて育つ」ということですが、私はこれを「関係発達」と呼んでいます。この関係発達という考え方はかなり多元的な面をもっていますので手短にお話しすることが難しいのですが、最近、私なりの発達の考えと発達の障碍についてのコンパクトな定式を試みましたので、それを紹介してみます。

人間の一生涯は、その時間経過の中で〈育てられる者〉の立場から〈育てる者〉の立場に移行し、さらに〈介護し・看取る者〉の立場から〈介護され・看取られる者〉の立場に移行していく過程であり、しかもそれが世代から世代へと循環していく過程である。

というふうに人間の生涯に亘る関係発達の基本構造を捉えた上で、

「発達」とは、人間の一生涯に亘る身・知・心の面に現れてくる成長・変容の過程であり、「発達の障碍」とは、その成長・変容の過程におい

て、身・知・心の面に通常とは異なる何らかの負の様相が現れ、それが一過性に消退せずに、その後の成長・変容に何らかの影響を持続的に及ぼすことである。

　あえて、「身・知・心」と書いたのは、「心身の発達」と言いながら、心の面はこれまでほとんど無視されてきたこと、しかし「心」の面こそ、一人の子どもの主体としての育ちを考える時には欠かせない面であることを主張したいからです。そして自閉症圏の子どもについても、この「発達の障碍」の定義がそのまま当てはまると考えています。

子どもの心の育ちに定位する

　いま、従来の発達論は能力面にのみ定位し、心の面を捉える視点をもたないことが幾多の問題を生み出すのだと述べてきました。そのような批判から生まれた関係発達論は、当然ながら子どもの心に定位します。逆に、子どもの心に定位すれば、必ずや周囲との関係が視野に入ってこざるをえません。そして心の問題に定位するとき、どうしても「主体」という概念に切り込まざるをえません。

　人間は二つの矛盾する欲望を抱えた主体である
私は人間という存在の中に二つの基本的な欲望（欲求）を想定します。一つは「自己充実欲求」と呼ぶもの、もう一つは「繋合希求欲求(けい)」と呼ぶものです。
　【自己充実欲求】　自己充実欲求とは、「こうしたい」「こうしてほしい」という、個の内部から立ち上がってくる欲望のことで、これを満たそうとするのが、人間の（生涯を貫く）根本的なありようだと

考えます。ところがこの自己充実欲求は、自分だけで満たせる場合もあるにはありますが、多くの場合、その充足に他者（相手）を必要とします。そこにこの欲望の発揮のされ方が相手を前に捩れずにはおれない理由があります。

【繋合希求欲求】　他方で、人間は一人では生きていけない生き物です。人間にとって、重要な他者と共にいること、気持ちの上で繋がれることは、単に安心感をもたらすというに止まらず、それ自体が満足や喜びになるものです。人間の内部に、特定の他者と繋がれることの満足や喜びを本源的に求める欲望（欲求）があることを、私は繋合希求欲求と名づけてきました。

この二つの欲望（欲求）はしばしば「あちら立てればこちら立たず」の関係になります。「私はこうしたい」と自己充実欲求を貫こうとしすぎると、繋合希求欲求を満たす相手である重要な他者との関係を危うくする危険性があるからです。そのために、自己充実欲求は重要な他者の出方を常に参照しながら発揮されざるを得ません。

他方、繋合希求欲求の満足は、自己へと回収され、自分への自信や自己肯定感に転化し、自己充実欲求のさらなる亢進に繋がるという願わしい連鎖も考えられますが、繋合希求欲求を満たそうとしすぎると、重要な他者に飲み込まれて自立が難しくなったり、その満足に埋没して悪しき依存に逃げ込んでしまったりというように、否定的な面が生まれてしまう危険もあります。ですから、この欲求の充足の仕方もまた、重要な他者の出方と相俟って、複雑な現れ方をすると考えなければなりません。

二つの自己矛盾する欲望を抱えた主体相互の関係

私はあくまでも私の思いを貫いて「私」でありたいのに、私がそのような「私」であるためには、「あなた」に「私」を受け止め・認め・支えてもらう必要があり、そのためには「あなた」に依存

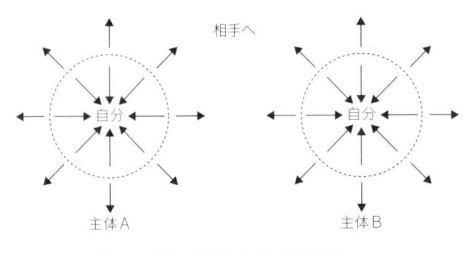

図1 二者間の相互主体的な葛藤モデル

し、「あなた」の意向を考慮に入れないわけにはいきません。これは何といっても自己矛盾です。しかし、私はそういう自己矛盾を抱えた主体であり、実は「あなた」も同じように自己矛盾を抱えた主体なのです。つまり、「私」と「あなた」という身近な二者関係は、このように自己矛盾する欲望を抱えた者同士の相互主体的な関係だということです。これを図示したのが「二者間の相互主体的な葛藤モデル」です【図1】。

「私」と「あなた」の関係は、親子の関係であれ、男女の関係であれ、あるいは教師と子どもの関係であれ、さらには臨床的な関係であれ、お互いにその内部に自己矛盾をかかえた主体と主体の関係です。これが、関係発達論の基本的な人間観であり、この人間観から、二者間にはつねに喜怒哀楽の感情が生まれずにはおかないことが見えてきます。そしてそこに、人間の幸せから不幸せまでのスペクトラムが生まれてくる理由があると考えます。関係発達臨床はこのような基本的な考えのもとに取り組まれるものです。

そしてこの図1を出発点に考えれば、各自の〈心〉の問題が視野に入ってきます。

各自の〈自分の心〉は
共に生きる他者たちとの関係のなかで変容する

周囲の人との関係のなかで生きる一人の子どもに注目するとき、その子はその関係の中で唯一無二の〈自分の心〉を形づくりながら、しかもそれを時間軸の中で変容させていっているとことが分か

ります。これを私は〈心の育ち〉と呼んできました。ここに〈自分の心〉というのは、「自分は愛されている」、「自分は愛されて当然の存在だ」、「自分には自信がある」、「人は信頼できる」等々の肯定的な心がその中心にある場合もあれば、「自分は誰からも愛されていない」「自分は誰からも認められていない」「不安いっぱいだ」といった、否定的な心がその中心にある場合もあるでしょう。そしてその中心にある心を反映したかたちで自己イメージや重要な他者イメージが組み立てられます。

　その〈自分の心〉は、自分の能力についての自己理解を含みながらも（私はこんなことができる、私は何をやってもだめだ、等々）、基本的には周囲の人からの評価（映し返し＝しっかりした子だ、よい子だ、駄目な子だ、困った子だ、等々）を自らの内に取り込むことによって成り立つものです。つまり、〈自分の心〉は自分のものでありながら、周りの人との関係を媒介することなくしては成り立ちえないという逆説を抱えているのであり、親や保育者や教師が子どもをどのように映し返すかによって、子どもの〈自分の心〉のありようが変わるという事情のもとにあります。

　障碍のある子どもの多くは、これまでは能力発達の面からのみ評価され、その結果、力が十分でないというふうに否定的に映し返され、それを心に溜め込んで、否定的な自己感や自己イメージをかたちづくってきていることが多かったように思います。つまり、障碍のある子どもは、単に能力面に弱さを抱えただけの子どもなのではなく、むしろ周囲の人との関係の中で、心の育ちの面にも大きな問題や課題を抱えた子どもなのだと考えなければなりません。

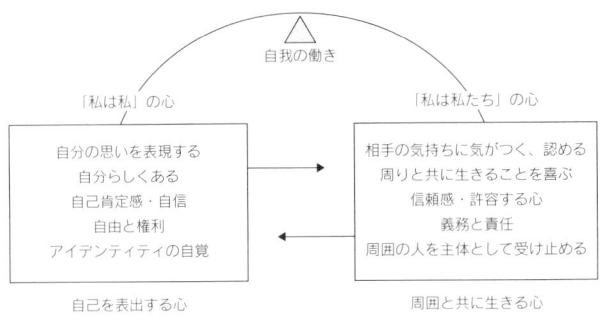

```
         自我の働き
 「私は私」の心              「私は私たち」の心
┌─────────────┐          ┌─────────────────────┐
│ 自分の思いを表現する │          │ 相手の気持ちに気がつく、認める │
│ 自分らしくある    │  →       │ 周りと共に生きることを喜ぶ   │
│ 自己肯定感・自信   │          │ 信頼感・許容する心       │
│ 自由と権利      │  ←       │ 義務と責任           │
│ アイデンティティの自覚│          │ 周囲の人を主体として受け止める │
└─────────────┘          └─────────────────────┘
  自己を表出する心              周囲と共に生きる心
```

図2　一個の主体は「私は私」と「私は私たち」の二面からなる

「子どもを主体として育てる」とは

　保育や教育の場では「主体」という言葉がしばしば用いられますが、私の考えでは、主体とは、何よりも**自分の思いをもって自分らしく周囲の人と共に生きる存在**のことです。「主体」についての今の簡単な文言の中に、しかし、二つの面があることに注意しなければなりません。つまり、「自分の思いをもって自分らしく」という面と、「周囲の人と共に生きる」という面です。このことを私はこれまで、**「私は私」と「私は私たち」の二面**という言い方をしてきました。**一個の主体は、「私」として生きる面と、「私たち」として生きる面の二面を持っている**と言ってもよいでしょう。

　このように見てくると、保育や教育（障碍児教育を含む）に一つのはっきりした目標が見えてきます。つまり**「子どもを一個の主体として育てる」**という目標です〔図2〕。

　いま、この目標が家庭にも、保育園にも、幼稚園にも、ひいては学校教育にもないままに、ひたすら「あの力、この力」に向かっているように見えます。障碍児教育も障碍児臨床も例外ではありません。それが我が国の子育て文化の大きな問題点なのです。

「子どもを育てる」ということに
含まれる二面の働き

　保育も教育も、結局は「子どもを育てる」ことに帰着する営みです。これまでのように発達の目安を目標にするのではなく、「子どもを一個の主体として育てる」、つまり子ども一人ひとりが、「私は私」の心と「私は私たち」の心の両面を身につけるように育てることが育てることの目標だと考えると、大人の子どもへの対応にも二面が必要になることが分かります。それが「養護の働き」と「教育の働き」です。

大人（養育者・保育者・教師）の養護の働き

　まず、子どもはいまだ独り立ちのできない未熟な存在です。今の**「ある」**を大人に受け止めてもらえなければ、子どもは元気に、また幸せに生きていくことができません。ここに**「ある」**を受け止めるとは、もう少し正確に言い換えれば、子どもを一個の主体として受け止めること、つまり子どもの思いを受け止めるという意味です。

　実際、自分の思いを肯定的に受け止めてもらえたときの子どもの喜びの表情、あるいは負の行為に繋がった場合でも、「こうしたかったんだね」といったん大人に受け止めてもらえたときの子どものほっとした表情をみると、この大人の対応が子どもの心に深く跳ね返っていっているのが分かります。そうしたことの積み重ねが自分自身への自信（自己肯定感）と、受け止めてくれる大人への信頼感という心の育ちに繋がっていくのです。

　子どものそのような自信や信頼は、自ら**「なる」**に向かうバネになるものでもあります。逆説的に響きますが、**今の思いを大人に受**

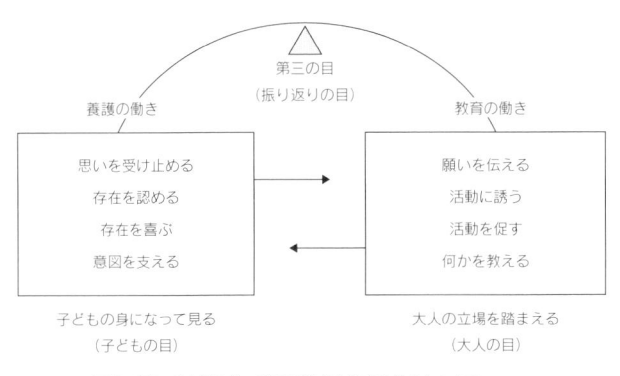

```
         △
      第三の目
     (振り返りの目)
養護の働き           教育の働き
┌──────────┐      ┌──────────┐
│思いを受け止める│ →   │願いを伝える  │
│存在を認める  │      │活動に誘う   │
│存在を喜ぶ   │ ←   │活動を促す   │
│意図を支える  │      │何かを教える  │
└──────────┘      └──────────┘
 子どもの身になって見る    大人の立場を踏まえる
   (子どもの目)          (大人の目)
```

図3 「育てる」営みは、養護の働きと教育の働きからなる

け止めてもらうことで子どもの心は前向きに動き、それが今の「ある」を乗り越えて、「なる」に向かう力に転化するのです。こうした大人の対応は、**その子の存在を認め、保育者がその子の傍らにいることを告げ、その子を優しく包む意味を持ちます。**だからこそ、大人にそのように受け止めてもらえた子どもは、嬉しくなったり、ほっとしたりできるのです。この大人の姿勢を私は広く**「養護の働き」**と呼ぶべきであると主張してきました。

　大人の教育の働き
　いま、「ある」を受け止めてもらえれば、子どもは自ら「なる」に向かうと述べましたが、そのとき大人はその「なる」に向かう気持ちがさらにはっきりしたものになるように、さまざまなかたちで働きかけます。その働きかけは、概して言えば、誘う、導く、教える、伝えるという対応になります。こうした**誘い・導き・教え・伝える大人の対応**は、育てる営みに含まれる広い意味での**「教育の働き」**と呼ぶことができます。これは決して大人主導の一方的な「させる」「教え込む」働きかけを云うものではなく、あくまでも子ども自身が興味・関心を拡げ、自ら**「なる」**へ向かうことができるための、誘い、導き、教え、伝える対応という意味です。

　さて、上記のように養護の働きと教育の働きを考えると、この二

つが子どもを育てる営みの中身だということが分かります。このことを図に示して見ました【図3】。

「障碍」とは何かを考える

障碍のある子どもの教育やその保護者への臨床的支援を考えるとき、まず「障碍」とは何かを考えておかねばなりません。その際、注意したいのは、医療的観点からする障碍の見方と、子ども本人から見た「障碍」が微妙にずれる点です。

医療モデル的な障碍の見方——個体論的な障碍観

通常、障碍というと、すぐさま脳の異常や身体諸機能の異常が取り上げられます。子どもの内部に何らかの生得的な異常 impairment があって、そのためにあれこれの能力面の障碍（健常な子どもにできることができないという状態）が生まれ、またそのために「適応行動」がなかなか定着せずに、集団の流れに乗れない、みんなと同じ行動ができないなど、周囲も本人も困る不適応状態が現われてくるのだと考えるのが一般的です。そこから、療育や教育によって潜在している能力を引き出し、負の行動を低減し適応行動を増やすことによって健常な子どもに近づけるようにもっていけば、障碍児も健常児と共に生きる展望が開けるはずだという「発達促進」の発想が生まれることになります。

これは、健常な子どもを基準にそこからどれだけ逸脱しているかという点から障碍を査定する見方であり、いわば**「医療モデル的な障碍観」**だといってよいものです。これはまた、障碍が子ども自身の内部にあると考える点では**「個体論的な障碍観」**といってもよいものでしょう。この種の障碍観は、障碍のある子どもの保護者はも

ちろん、多くの保育者や教師など、大多数の人が常識的に抱く障碍観です。

子ども本人の観点から見た障碍──関係論的な障碍観

近年、障碍のある子どもを「障碍児」と呼ばずに、「特別な支援を要する子ども children with special needs」とみる見方が広まってきました。障碍によって脳機能や身体機能が健常な子どもと同じように働かないのは、子どもの責任でも周囲の責任でもありません。またその障碍の現実は周囲が理想的な療育や教育を施せば容易に正常に復するようなものでもありません。そのような脳機能や身体機能の障碍は、当の子どもの側から見れば、自分が周囲の人と共に生きていく際の**所与の条件**だといわざるを得ないものです。言い換えれば、子ども本人から見た障碍とは、自分が主体として周囲の人と共に生活し、なおかつ**自分らしく生きようとすることに立ちはだかるもの**、つまり、本人からすれば**「生きにくさ感」や「困り感」として感じられるもの**だといえます。この場合、その「生きにくさ感」や「困り感」そのものは、脳機能や身体機能の障碍から直接導かれるとは限りません。むしろ周囲の人と共に生きるなかで、周囲の人の自分に対する対応のあり方や、自分に振り向けてくる思いに対して、自分のことが分かってもらえない、自分の苦手なことを押しつけられるというふうに感じられることに起因しているはずです。それゆえ、子ども本人にとって障碍の低減・改善とは、必ずしも機能面の改善や能力面の向上であるとは限りません。周囲の人の自分への対応のあり方や、自分に振り向けてくる思いのあり方が変化し、自分が少しでも自分らしく生きられるようになり、自分の心が前向きに充実するならば、それは当の子どもにとっては障碍が低減され改善されたことを意味するはずです。このような障碍の見方は、前項の個体論的な障碍観と対比して、**「関係論的な障碍観」**といって

もよいものです。

　この関係論的な障碍観に立てば、いわゆる不適応行動と呼ばれるものも、障碍そのものから直接的に派生するとは限らず、むしろその子が周囲との関係の中で感じる「生きにくさ感」や「困り感」から二次的に派生する場合があり得ます。そしてそれがまたその子自身や周囲の人たちの「生きにくさ感」や「困り感」を助長して、さらなる不適応行動を呼ぶというように、悪循環が巡る可能性さえあることが分かるはずです。

　いずれにしても、障碍児保育や障碍児教育、あるいは障碍児臨床を考えるときに、前項の障碍観だけでは十分とはいえず、ここで論じた障碍観が十分に踏まえられなければなりません。

発達初期に現れる障碍は、発達性の障碍と関係性の障碍を必ず随伴する

　いま、二つの障碍観を概観しましたが、これまでの議論、とりわけ「子どもは育てられて育つ」という私の関係発達論の立場を踏まえるとき、従来の個体論的な障碍概念の狭隘（きょうあい）さが浮き彫りになります。一例として、一人の子どもがある生得的な障碍 *impairment* を抱えて誕生した場合を考えてみましょう（自閉症圏の子どもを念頭において考えてもらってもかまいません）。その子の成長過程には、時間経過の中で行動面や能力面にさまざまな障碍 *disability, disorder* が現れてくるでしょう。その「時間経過の中で」をどのように理解するか、その点こそ、子どもの発達や障碍を理解する際の鍵を握る点です。ここで、第二節でみた私の「発達」や「発達の障碍」の定義を思い起こしてみて下さい。

The 3rd Lecture

　障碍は「発達性の障碍」を必ず随伴する
　「育てられて育つ」子どもにとって、発達初期に抱え込まれた何らかの障碍は、その後の「時間経過の中で」次々に二次的、付加的な躓き＝障碍を呼び込まずにはおきません。それというのも、「時間経過の中で」の意味には、本来、親をはじめとする周囲の人の育てる営みが入り込み、それによって「その子がある状態になる」ということが含まれてくるからです。
　言い換えれば、子どもに現れる行動面や能力面の問題（disabilityやdisorderの状態）は、そのすべてが生得的なimpairmentによって直接的に規定されているわけではありません。そこには「育てる－育てられる」という周囲との関係の中で積み重ねられたものが必ず入り込んできます。例えば、親や療育の立場の人たちの「子どものために」という善意の願いを背景にした「遅れ」を取り戻すためのさまざまな強い発達促進の働きかけは、その願いとは裏腹に、その子どもの心に強い負荷をかけ、そのことが今のその子の状態像を二次的、付加的に増悪させる可能性が十分にあり得ます。
　それゆえ、「時間経過の中で」という表現の意味、つまり、「育てられて育つ」ということの意味を十分に煮詰めて考えれば、発達初期に現れた障碍はすべて、その**「時間経過の中で」負の面が増幅される可能性**をもち、その意味では、何らかの**「発達性の障碍」**を随伴すると考えざるを得ません。つまり、いま現在の状態像は、障碍の原因から直接的に導かれたものではなく、「育てられて育つ」ことを引きずっているということです。言い換えれば、障碍の種類が何であれ、障碍のある子どもはみな、何らかの「発達性の障碍」を抱えるということです。

　障碍は「関係性の障碍」を必ず随伴する
　さらに私の主張する関係発達論の考えに従えば、一人の子どもの

発達は心の育ちを離れては考えられないものであり、心の育ちを考えれば、直ちに、そこに周囲他者との関係の問題が流れ込んでくるのを見ないわけにはいきません。そこから、従来の個体論的な障碍概念のもう一つの問題点が見えてきます。

　先にも見たように、従来の障碍概念は、何ができないか、どういう困った行動を示すかというように、あくまでも平均的な健常な子どもとの比較の中で、「いま、ここ」における断片的な行動面、能力面での disability や disorder を捉えるものでしかありませんでした。しかし、障碍を負った子どもを間近に見れば、能力面にあれこれの難しさを抱えているばかりでなく、心の面にも難しさを抱えていること、つまり、さまざまな「生きにくさ感」や「困り感」を抱き、自信をもてず意欲が湧かないという心の問題を抱えているが見えてきます。しかもその心のありようは、周囲との関係性のなかで生み出されてくるものなのです。

　例えば、障碍が発見されたときの親のショックや焦りなどの負の心の動きは、必ずや子どもの心に流れ込み、その結果、子どもの心が輝かずに、負の心の動きをもたらします。「ある」を受け止める養護の働きが弱くなるので、子どもの「なる」に向かう心が育ちにくいのです。そしてそれが子どもの能力面の育ちに負の影響を及ぼす可能性は十分にあります。障碍があるから負の行動が生まれるという短絡的、直接的なものばかりでなく、周囲との関係のありようが子どもの心に負の影響を及ぼし、それが子どもに負の行動をもたらす可能性もあるのです。そしてそれが周囲に負の影響を拡げていきます。これが**関係障碍**という言葉で表現しようとしているものです。これもまた、障碍の種類に関係なく、障碍のある子どもには必ず抱え込まれる障碍だといえます。

　これまでは、診断の入口のところでの個体論的な診断基準が前面に出て、状態像が時間経過の中で変容することについては必ずしも

十分に議論されてきませんでした。最近の発達障碍関係のパンフレットに見られるように、現時点で示される負の状態像がすべて脳の障碍からくるような乱暴な議論だけは避けるべきではないでしょうか。おそらく、脳の障碍から派生するのだろうと思われる世界の知覚の仕方の特異性が、周囲の対人関係に難しさをもたらし、その困難が、子どもの側にも関わる側にも「生きにくさ感」や「困り感」を生みだして、それが時間経過の中で累積する面（発達性の障碍）と、関わりの中での困難が拡がる面（関係性の障碍）とに結びつく結果、現時点での状態像がもたらされてくるのだと思います。

　私は自閉症圏の子どもは上記のような考え方のもとで、その支援や臨床を考えるべきではないかと考えてきました。つまり、単純な発達促進の枠組みや最近のソーシャル・スキル・トレーニングの枠組みの中で分かりやすい対応を考えるのではなく、むしろその子が何に抵抗感を感じ、何に困り、何を生きにくいと感じているかに目を向け、そこから支援や臨床の在り方を考えようとする方向です。ここではそれを十分に議論する余裕はありませんが、以下、二つのエピソードを示して、これまでの議論をなぞってみたいと思います。

高機能自閉症の子どもの事例から

　以下に示すのは、現在私の大学院のゼミに所属する一人の院生Hさんがゼミ発表のときに提示した複数のエピソード記述の一部です。この事例の〈背景〉は少々込み入っているので、私が大雑把に解説するかたちでその〈背景〉を示しておきたいと思います。

　〈背景〉——私がまとめたもの
　この事例の主人公のSくん（現在5歳児）は、書き手である院生H

さんの歳の離れた従弟にあたります。従って、母方祖父はＳくんとＨさんに共通の祖父、Ｓくんの母親はＨさんの叔母（Ｈさんの母親の妹）という関係になります。Ｓくんは両親と父方祖父母、および妹のＫちゃんの６人暮らしです。

　Ｓくんは１歳前から、Ｓくんの母親の姉であるＨさんの母が「何かこの子は変わっている」としばしば口にしていたようで、Ｓくんの母親も何かの障碍があるのではないかとかなり早い時期から気にしていたようです。そのこともあって、Ｓくんが幼い頃から、親類のあいだでもそのことがいろいろと話題になることがあったらしく、Ｈさんは早い時期からＳくんの障碍のことが気になっていたようでした。そういうこともあり、またＳくんの母親が自分の母の妹（叔母）で、それまでにも姪として叔母家族とは頻繁に行き来があったこともあって、Ｈさんは学部生の頃からＳくんの家庭を訪問し、Ｓくんを関与観察しながら、Ｓくんの様子をエピソードに描き、また母親の困り感を描き出そうとして卒業研究に取り組みました。ちょうどＳくんが３歳になって、いろいろと家庭の中でも対応の難しい状態が生まれ、医師から高機能自閉症の診断が下された前後の頃です。

　家庭訪問してＳくんに関わり始めた頃のエピソード記述を読むと、Ｓくんは確かに、何を求めているのかが分からない、何を言っても通じないというコミュニケーションの難しさがあって、一緒に遊ぼうと思ってもなかなか遊べないという状態であったことが分かります。母親もこれからのＳくんの将来や発達のことが心配で、療育機関に通う中で、自閉症についての勉強をするなど、不安と困惑を抱えた生活を強いられていたようでした。母方祖父はＳくんがこういう状態を示すのは母親がしっかり言い聞かせないからだというような非難めいたことも時折口にしていたようで、それが母親にプレッシャーになっていること、それに対して、父親は比較的

ゆったりＳくんに対応していることが、卒業研究の多数のエピソード記述から読みとることができました。
　そのような経過の中、Ｓくんは次第にいろいろな言葉を話すようになる一方、その言葉の意味が大人にはなかなか分からない、部屋から出たがらない、特定のスーパーマーケットは入りたがらない、気分がこじれるとなかなか立ち直れないなど、高機能自閉症の教科書にぴったりの状態像を示し、周囲がさまざまな「生きにくさ感」や「困り感」を抱くことも起こってきました。しかしながら、まったく関わりが取れないといわれればそうでもなく、身辺自立はかなり身についてきているし、いくつか接点が持てそうな感じのところも生まれ、いつでも関わりがうまく取れるとは言えないまでも、次第に関係が取れるようになってきたようでした。Ｈさんにとって、Ｓくんはそのような存在と受け止められていましたが、しかし母親はＨさんと同じようにＳくんを見ているわけではないようでした。母親は突き放したような態度や、Ｓくんのサインになかなか気づかない鈍感さを示す場合もあり、それはＳくんへの対応の難しさからくるものではないだろうかと考えながらも、Ｈさんとしては「どうして？」という疑問を抱かされてしまう場面もままありました。それを叔母であるＳくんの母親にどのように伝えたものか、Ｈさんは自分の立場の難しさ、つまり研究の立場と姪の立場の両立にも悩むようにもなりました。
　大学院に進学後も同じように訪問観察を継続し、Ｈさん自身、いま述べたような悩みを抱えながら現在に至るのです。そのような経過の中で収録してきた数々のエピソード記述の中でも、一つの転換点となるような、Ｈさんにとっては印象深いエピソード、つまり、ＨさんがＳくんの「生きにくさ感」や「困り感」に本当の意味で出会えたと思えたエピソードに行き着きます。それが以下に示す２つのエピソード記述です。Ｓくんは現在５歳児で、来年就学です。

4歳児の段階では療育機関と保育園の並行通園をしていましたが、今は一般保育園への段階移行が図られている状況だとのことです。Hさんによれば、「自分が接している限り、家庭での日常生活なら滞りなく送ることができ、Sが障碍のある子どもという感じは自分には必ずしもしないが、集団生活など外に出れば、いろいろと難しいことがあるのだろうな、と予想がつくのも事実だ」と述べていました。

エピソード１
「たいひせんがないからできない」大学院生Ｈ

　はみがきのとき、Ｓは歯ブラシをくわえたままおもちゃに夢中になっていた。なかなか磨こうとしないＳを見て私は「シュカシュカしてよ〜」と声をかける。お母さんが「今日保育園で、はみがきの歌あったよね。どんな歌だった？シャカ、シャカ…なんだっけ？」とＳに教えてもらおうと尋ねた。するとＳは「歌わない」と小さく呟いてから、顔を上げて私たちに「はみがきの歌があると、はみがきできない」と言った。「できないの？なんで？歌がいや？」と私が尋ねると、（ここでお母さんは自身がはみがきをするために席を外した）Ｓはごにょごにょと何かを言った後、はっとしたように「はみがきの歌があると、ぼくはたいひせんがないから、はみがきできないの」とはっきり話した。耳慣れない言葉であり、「たいひせん？」と私は聞き返すが、Ｓは「あのー、うぅぅ〜、ときどきなら、うー、大丈夫。いつもは、だめなの」と難しそうに唸りながらも、一生懸命説明しようとしている。「時々歌が流れるなら大丈夫なの？」と聞くと「ときどきでも、いっつもでも、うー、たいひせんがないからだめ」とＳ。『たいひせん』の意味がよくわからない私は「たいひせんってなに？（「退避」を思い浮かべ）逃げられないってこと？避けられない？」とあれこれ言葉を出して意味を確認しようとするが、Ｓはどう説明したものかというように「うぅ〜ん、うー」と唸るば

かり。私も「違うのか、んー…」と、もどかしいながらも、Sが何とか私に伝えようとする様子を受けて、どうにか理解してやりたいと思い、唸りながら考えた。Sは何度も「たいひせんがないから」と繰り返す。「たいひせんってなんだろなぁ…」と私も困ってしまった。

〈考察〉

　このエピソードを描くときに『たいひせん』をなんともなしにスペースで変換した。すると『待避線』とすぐに出てきて、どきりとした。ちゃんと意味のある言葉なんだ、と急いで意味を調べたところ、『たいひせん』すなわち『待避線』とは、単線の鉄道などで、他の列車が通過するのを待つために設けられた線路という意味の鉄道用語のことであったのだった。このエピソードがあった翌日にようやくその意味に気付いた私は、心が躍るような、「これを誰かに伝えたい」という感動を覚えた。考えてみれば、この日一日、Sは「ぼくは特急」「ぼくは16両編成」などと言って、自分を電車に見立てて部屋を走り回って遊んでいた。電車であるSは、自分の走る『はみがき』という線路上に待避線がないので、後ろから走ってきた『歌』という電車を避けることができないということなのだろうか。どういう意味合いでSが待避線という言葉を使ったのかは完全にはわからないが、歌を聴きながらのはみがきができないという状況を『待避線』という言葉を使って私に伝えていたのだった。そして『待避線』の意味に気付いた私は、Sの言わんとしていたことのニュアンスがなんとなく理解できたような気がするのだ。回避せねばならない事態が迫ってくるというSの焦りが「たいひせんがないから」にはあった。単に歌が邪魔だからはみがきができないという意味なのではなく、歌に衝突されてしまう、歌を回避せねば自分に危害が及ぶという危機も、意味として含まれていたように感じられた。Sにとってのはみがきの歌は、はみがきをする際に回避せねばならない危険なものだったのだ。『待避線』の意味を知った私は、Sが自身の心の内を表現する上で、

これほどまでに的確な言葉は他にない、これほどマッチした言葉はないだろうと、ひどく納得してしまった。

　Ｓが「たいひせんがないからできない」と言ったとき、歌がＳのはみがきを阻害しているのだろうということは、その場で漠然とはわかっていた。しかし、Ｓにそう返してもあまりしっくり来なかったようで、何度も「たいひせんがないから」と繰り返し、一生懸命に何かを伝えようとしていた。そんなＳの様子に、単純に歌があるからはみがきができないというだけの意味ではないのだとわかってはいたものの、彼の中で何がひっかかっているのかよくわからなかった。もう少しでわかってあげられそうなのに、と私は一生懸命Ｓの話を聞き、『たいひせん』の意味するところを様々な表現で「こう？こういう意味？」といったように探ったのだが、Ｓにはどれもピンと来なかった。『待避線』だと気付いた今では、「逃げる」も「避ける」もそれだけではニュアンスに微妙な違いがあるのがわかる。もっと鬼気迫るという意味合いが含まれていたのだろう。しかし他の言葉に置き換えるのは難しい。Ｓが唸って考えるのも無理はない。

　普段は、Ｓの言葉の意味をその場で理解して返してあげたいと思っているのに、うまくいかないことがしばしばある。なので、「もう少しでわかる」寸前にいたそのときの私は、かつてないほどに真摯にＳに向き合っていた。Ｓがたびたび口にする、私たちには意味を読み取ることが困難な言葉とは違って、今回の『たいひせん』という言葉には、私にとっては様々に漢字を当てはめ、意味が予想できる要素が詰まっていた言葉であった（逃げる・退くという意味での『退避』や、はみがきと歌のどっちを選択するかという、比べるという意味での『対比』、道もしくは物事の境目という意味での『線』、はみがきしながら歌えるようになるために戦う場という『戦』等々）。私は思いつく限りの考えをもってＳに色々に聞き返した。『待避線』の存在と意味を知っていればこんなお門違いな予想や質問は立たなかったのだが、普段は発言に対して

色々と聞き返すと、伝わらないと見限って電車遊びに戻ってしまいがちなＳが、なんとか私に説明しよう、わかってもらおうと私に向き合ってくれた。その姿を受け、私も「『たいひせん』にはとても重要な意味があるのだ」「なんとしてでも理解したい」と強い思いを抱き、Ｓに真っ向から向き合った。これは、『たいひせん』の意味が分かれば、Ｓ理解やＳとの関係がより深まる、という私の信念からの態度であった。結果的にはその場では意味に気付いてあげられなかったのだが、『待避線』が彼のキーワードでもある電車に関する言葉であることに気付いたときには、なんとも言えない感動に満たされた。「あの時望ましい対応ができなかった」と後悔することが多い中、今こんなに清々しい気分でいるのは、彼が私に伝えようとしていたことをまるっきりではないにしろ正確にキャッチできたという実感や、なんとかして私に伝えようとしてくれたＳに愛しさを感じたからだ。ここ最近は妹のＫから私へのかかわりが多く、そちらに手一杯になってしまって、あまりＳにかかわれていなかった。気分を落ち着かせたいから、手持ち無沙汰だから、単にこの遊びが好きだからという理由で、Ｓは電車遊びに没頭しているのかと考えていたが、彼は電車遊びの中で私の想像するところ以上にいろいろな考えを巡らせていたようだ。久しぶりにＳと密に関わることができた喜び、そんな中でＳの中の大事な一端を発見したこと、それをもうすぐで理解できそうなところまできていたこと、そして、思いがけず『たいひせん』の意味に気付いたことが、私にこのエピソードを即座に描かせる原動力となった。

　後日談になるが、このエピソードの次の観察の日、Ｓに「待避線の意味、わかったよ！」と伝えた。するとＳは少しいたずらっぽくニヤリとしながら、「マック（マクドナルド）の待避線、あるよ」と私に返した。まるで私に、新たな問題を出して『待避線』の意味をしっかり理解しているか確かめようとしているような、どこか楽しげな様子だった。そんなＳの様子から、私は何の疑いもなく「あぁ、マックには寄り道できる

んだ」と理解した。前回のエピソード時の「待避線がないからできない」というネガティブな意味とは別に、「この待避線も持っているよ」というポジティブな意味に受け取れた。このやりとりから、Ｓ自身が何かをする行程のうちで予期せぬ事態や変更に対応するためには、『待避線』が必要だという気付きを得た。『待避線』はＳ自身が生活していく上での余裕の象徴とも捉えられる。

エピソード２：「みんなとおんなじ」
※「たいひせんがないからできない」の続きのエピソード

　「たいひせん」の意味が分からないまま、聞き方を変えれば意味が掴めるかと思い、「はみがきの歌がなかったらはみがきできる？」と質問の方向を少し変えてＳに尋ねると、Ｓは「いつもごはん食べた後、はみがきの歌が、うぅ～、○○から、みがけないの！」と眉を寄せて困ったように訴える。私は「そういうときは、先生に歌を流さないでって言えばいいんだよ。僕はいやだって言っていいんだよ」とＳが楽になれるような手段を教えるが、Ｓは「いえ‥‥言えない‥言えない！」と言って、ボールを抱えて体ごと後ろを向く。私は「言えないかぁ‥‥」とどうしたものか、というように呟いた。Ｓは「‥‥うたがあると、はみがきでき‥‥」と途中で言葉を切った。「できない」と言いたくなかったのかと感じ取った私は、Ｓを擁護しようと「みがけなくていいよ」と返す。するとＳは「あー！」と言って持っていたボールを床に叩きつけた。私の言葉がまずかったかとも思いつつ、どうしちゃった？という意味を込めて「んー？」と聞いた。Ｓはボールを追いかけて「あぁ！」と言って再び投げる。『できない』という意味の言葉が嫌なのだと感じた私は、「（歌が）嫌だったらみがかなくていいよ」とできるだけ明るい声音で言った。Ｓは少し落ち着きを取り戻し、「ときどきなら、○○、いつもでも、みがく」と言う。「みがくの？」と尋ねると、「歌があっても、みがく。でも、たいひせんがないから、○○‥‥」とＳはうろうろしながら話し

た。お母さんが部屋に戻ってきて、Sの仕上げ磨きをして口をすすがせに行った。Sはお母さんにも歌があるとはみがきができない旨を伝えようとするが、お母さんは「水。ねえ。早くうがいして」と言って取り合わなかった。

　すすぎ終えて部屋に戻ってきたSが私に向かって「歌があっても、はみがき、できるようになったよ！」「ときどきでも、いつもでも、みがける！」と元気よく言った。私は先程までと正反対なことを言うSに驚きつつ、「え！？みがけるの？そうかぁ〜…そうなのかぁ〜！」と、何はともあれ嬉しいよというように笑いながら返した。Sは「ぼくははみがき、みんなと一緒に、できるよ。みんなとおんなじに、はみがきできるよ！」と一生懸命私に言う。私もそれに応えるように「そうだね。Sもみんなとおんなじ！」と力強く返した。

〈考察〉

　Sは「できない」をとても気にしている。お母さんと2人でSについて話しているとき、Sができなかったこと、うまくいかなかったことの話題になると耳を塞いで「あー言わないで！」「そういうこと言わないで」と言って嫌がる。自身でも「言えない！」と言って背を向けたり、「はみがきでき…」と後ろに続くであろう「ない」を切る等、S自身に認めたくない自分があることに改めて気付く。また、できなくてもSをちゃんと認めているよ、という意味で「みがけなくていい」と返すと、「できない」が嫌いなSは怒ってボールを投げた。「あぁやっぱり（「できない」という言葉そのものが）嫌なんだ」と改めて思った私は、責めているのではないんだということを伝えたくて、しなくていいという意味で「みがかなくていい」と返した。するとSは落ち着きを取り戻し、再び自分の思いを冷静に訴え始めた。ちょっとした言葉の違いではあれ、（「できない」と言われることに対してか、「できない」自分に対してか）イライラをボールにぶつけてしまうほど、Sは「できない」を気

にしている。これまでＳが受けてきた周囲の接し方には、Ｓ自身が『できないことはいけないこと』と受け止めざるを得ないものもあったことだろう。こちらに責める気はなくても、私たちからの「なんで？」「どうして？」という疑問そのものが、Ｓに『できない自分』を突きつけて苦しめる言葉だったのかもしれない。

　Ｓは私に対してと同様にお母さんにも訴えるけれども、お母さんは特に受け答えもせず軽く流してしまった。その対応が気になりつつも、常に一緒にいる大人からしてみたら「まともに取り合っていられない」という気持ちがあるのだろう、と複雑な思いになった。Ｓが私たちに伝える言葉は意味が掴みにくいことが多い。そんな中でも私はできるだけキャッチしようとするのだが、日常で共に生活していると、わからないから、とＳの声を軽く流してしまいがちなのかもしれない。私たちにまともに取り合ってもらえないことのほうが多いＳは、普段どんな思いを抱いているのだろうか。

　口をすすぎ終えたＳは、「いつもでも、ときどきでも、はみがきできるよ」と、最初とはうってかわったことを私に話した。ほんの数分の間に彼の中で何があったのだろうと疑問に思ったが、Ｓが自分で前向きになれたこと、それを私に「できるんだ」と半ば宣言のように伝えてきたことが、私にとっては喜びであった。『たいひせん』を作ったからできるようになったのだろうか。わからないことはたくさんあるが、Ｓが自身の成長を私に見せてくれたことに対して、私は手放しで喜んだのだった。

　しかし、Ｓの最後の「みんなとおんなじ」という言葉に私ははっとさせられた。Ｓがみんなと同じなんだと訴えてきた、認めてほしいという気持ちがあるのだと咄嗟に思い、Ｓがそう思っていることに対して切なさを抱きつつも、すぐに言葉を返さなければと思った。それは、ここでしっかり返してあげなければ、はみがきができるようになったＳを否定してしまう、「私は心から認めているよ」という気持ちが伝わらないか

もしれないという思いからだった。しかしそんな「ねばならない」の思いだけではなく、私の「Sもみんなとおんなじ！」は、Sの認めてほしいという気持ちを真正面からしっかり受け止めよう、これがSの「はみがきができるようになる」への第一歩になるんだという確信を持って、Sの口調に合わせて力強く返したのだった。できるようになったという事実は喜ばしいことだが、その背後にある「みんなとおなじ」という言葉がSから出てきたことに切なさを感じた。現在、一般保育園への移行ステップ中のSだが、そこでの生活の中で、みんなと違う、みんなよりできないとS自身が思わずにはいられないことがあるのだろうか。「みんなと一緒にやりたい」と「できない、やりたくない」という両義的な気持ちに揺れ、それでもなおSは身近な大人とのやりとり、自分についての大人同士の会話、自分の扱われ方の中で、私たちが根底に持っている『高機能自閉症の子への対応』を感じ取り、劣等感を積み重ねてきたことは、想像するに難くない。私たち大人は、そんなSを全て受け止めてあげられるような、嫌なことがあっても立ち直れるような、Sを癒す『家』であるべきだと、このエピソードを通して強く思った。

　このエピソード１の内容を、口頭でお母さんに伝えた際、Sが『待避線』のことを伝えようとするがお母さんは取り合わなかったというくだりで、お母さんは「え！？（Sが）そんなこと言ってた！？　ぜんぜん聞いてなかった」と話した。「何かしゃべってたような気はするんだけど…いかんなぁ〜…」と苦笑していたのだが、Sの言葉が聞こえていなかった自身に対する驚きと、どこか疲れたような様子が見受けられた。このエピソードの当日はSの声に耳を傾けないお母さんに「なんで聞いてあげないの？」と責める気持ちでいたのだが、Sに取り合わなかったのではなく、それ以前にSの声がお母さんに届いていなかったのだ。目先のことに集中していると周りの声が聞こえなくなることはしばしばあることだが、はたしてこれはそれだけで説明できるのか。お母さんのこの発言によって、お母さん自身の心の奥底に潜む闇の一端が露わになっ

たように思った。

〈私からのコメント〉

　「たいひせん」がないから歯磨きができないと感じる一方で、でも頑張って皆と一緒に歯磨きができるようにならないといけないと思うＳくん。それに気づけたと思うＨさんと、それになかなか気づいてくれないお母さん。たった一事例ですが、自閉症圏の子どもが抱える「生きにくさ感」や「困り感」と周囲が抱える「生きにくさ感」や「困り感」が透かし彫りに見えるような２つのエピソードだったと思います。「たいひせん」がないと安心できないＳくんに対して、私たち大人は他の子どもと同じように行動することを願い、それが実現されれば発達したと喜び、それが実現されなければ問題だとみなしてしまいがちです。そういう大人文化の中でＳくんはこれからも生きていかなければならないのですが、しかし、皆と一緒が実現されることが本当にＳくんにとっての「発達」なのでしょうか。大人の観点からではなく、Ｓくんの幸せの観点から発達を考え直す必要があるのではないでしょうか。このような問いを私たちはこのＳくんの事例から突き付けられたような気がします。

　この２つのエピソード記述を読んだ直後の私の感想は以上のようなものでしたが、少し引いて振り返って見ると、いくつか考えさせられることがありました。

　まず第１は、高機能自閉症と言われているこの子の「生きにくさ感」や「困り感」がこの事例からかなりはっきりと見えてくる思いがしたことです。第２に、高機能自閉症と言われている子どもの状態像が時間経過とともにかなり変容するということについてです。第３に、私の主張する関係障碍という考え方は、子ども本人ばかりでなく周囲の家族をもそこに巻き込んで、家族もまたさまざまな

「生きにくさ感」や「困り感」を抱くことになることをいうものですが、その点についても、この事例はいろいろと考えさせられるものがありました。そして第4に、Sくんが皆と同じことができるようになることを私たち大人は願い、それを発達だとしてきたのですが、しかし他方で、それはこの自閉症圏の子どもには大きな無理を求めていることにならないかという疑問です。以下に順を追って見ていきたいと思います。

　自閉症圏の子どもの「生きにくさ感」や「困り感」
　「生きにくさ感」や「困り感」という概念自身、いろいろな理解があり得ます。行動科学の枠組みで言えば、例えば、トイレに行きたいのに行きたいと言えないのは、その子にとっては困ることだろうから、だからトイレ・カードを用意してそれを掲げればトイレだと告げたことになり、困り感は低減される、と考えるわけでしょう。この場合、その本人の内面でどのような「困り感」が感じられているかは問わないまま、外部の人間から見てその子の「困り感」はこうだと考えていることになります。私は、このように本人の内面における「生きにくさ感」や「困り感」を問うことなく、外部の者に推測できて、行動的な問題解決が比較的容易にできそうな場合を、子どもの**「困り」**と表現し、子ども本人が**内面において感じている困難を「生きにくさ感」や「困り感」**と表現して区別してはどうかと考えています。「生きにくさ感」というのは、「これが」と特定できないような漠然とした息苦しさや、馴染めなさや、圧迫感がいま自分の中にあることを指し、これに対して、「困り感」はその「生きにくさ感」が何かに凝縮されて、「これが」と言えるようなことを指すと、差し当たりは区別してみてはどうかと考えます。

　実のところ、自閉症の診断基準は本人が何に困っているのかという観点から考えられているわけではありません。あくまで健常な子

どもとの比較において、むしろ大人が共に生活する上で困るような事柄、つまりコミュニケーションが取れない、こだわり行動から気持ちを切り替えられない、言っていることがわからない、等々が障碍の内容として考えられていて、本人がどんなことで困るのか、何が難しいと思っているのかが診断基準に反映されているわけではありません。実際、障碍を抱えた本人が自分の体験を綴った書物を別にすれば、子ども本人の「生きにくさ感」や「困り感」は、これまでほとんど取り上げられてこなかったといっても過言ではありません。例外は、そのような子どもに身近に接した関わり手が、それを感じ取ってそれを言葉にしたものが散見されるだけなのが現状でしょう。

　そのような現状に鑑みるとき、エピソード1は、書き手が一種の「アルキメデス的体験」をしたかの如く興奮気味に書いているように、「たいひせんがない」というSくんの表現は、彼が何に困っているかを読み手に分かりやすく伝えてくれている感じがしました。歯磨きの折に、保育園では音楽を鳴らし、子どもたちはその音楽に合わせて「シャカシャカ」と歯磨きをするのですが、Sくんはその音楽に追い立てられ、その音楽が自分にぶつかってくるような圧迫感を感じるのでしょう。追い立てられても、そこに「待避線」があれば、いつでもそこに逃げ込めるからぶつからなくて大丈夫なのですが、それがないから、だから歯磨きができないということを訴えているようなのです。

　電車好きのSくんは、ビデオの映像の電車が向こうから接近してきてゴーッと目の前を通り過ぎていくときに、体を捻じ曲げるようにして、その通過を体感しているようだったとHさんはゼミ発表の折に語っていました。自閉症圏の子どもの多くが独特の知覚様式、おそらくは鋭敏な相貌的知覚の様式をもっていて、通常なら、リズムに合わせて歯を磨くところで、その音楽が何か圧迫するよう

に迫ってくるらしいことが想像できます。そして、おそらく、この歯磨きと音楽の関係ばかりでなく、高音域の人の声や低音域の人の声が苦手だったり、人が真正面から接近してくることが苦手だったり、暗い所が苦手だったり、雷が苦手だったりと、感覚的、知覚的な次元でたくさんの苦手なことがあるらしいことが、このエピソードからしっかり伝わってきます。

　安心して逃げ込める場、「待避線」はまさにその「苦手なこと」を一時的に避けることを可能にする何かなのだと思います。しかし、いろいろな圧迫感や何かしら迫りくるものを感じたときに、多くの自閉症圏の子どもがそのような「待避線」を持っていないと考えれば、そこから彼らにさまざまな「困り感」が生まれ、それに対処しようとして、パニックをはじめさまざまな「問題行動」が生まれてくる可能性が考えられます。そしてそのように考えれば、従来のソーシャル・スキル・トレーニングのような対処法でこのタイプの障碍のある子どもに接していって本当によいのかという疑問が膨らみます。

　このように、本人の内面で感じられている「生きにくさ感」や「困り感」や「苦手感」を私たちが如何に分かってやれるかが自閉症圏の子どもに接するときの鍵を握ると思うのですが、そのことの一端が、このエピソードに顕著に表れているという感じがしました。私たちが自閉症圏の子どものことがなかなか分からないと思うとき、実は彼らはもっと深刻なかたちで、自分の思いが周りの人に分かってもらえないと思っているに違いないのです。そこを丁寧に押さえることなく、大人からみた子どもの「困り」を取り除く手立て、例えばソーシャル・スキル・トレーニングのかたちで考えられているものが、いま支援の具体的なかたちだとされているようですが、それが本当に子どもの支援に繋がるものなのか、それともそれは大人の対応のしやすさを目指すだけのことなのかという議論も、

今のエピソードは深く考えさせることがあるように思います。
　そしてもう一つ、そのような「生きにくさ感」や「困り感」が障碍に固有のものと固定的に考えると、なぜ時間経過の中でそれが「卒業」されていくかが理解できなくなります。それをどのように考えればよいのかも難しい問題ですが、ある程度、そのような場に慣れてきて、それほど怖いことにはならないという経験を積み重ねれば、不安をベースにした先の独特の感覚的、知覚的な鋭敏さが弱まると考えることができます。そうすれば、時間経過の中で、比較的安定してすごせるようになること、しかし、突然の予期せぬ出来事に晒されたようなときは、生来的な鋭敏さが再び前面にでることも生じる、というふうに考えていくことができるかもしれません。
　いずれにしても、彼らの生きている世界がどのようなものであるかを、いまのエピソードのように関わり手が丁寧に描いて初めて、子どもの内面的世界がようやく見えてくるのではないでしょうか。

時間経過の中での変容

　〈背景〉にも書いたように、3歳前後の頃、Sくんは教科書に書いてあるような難しい状態像を呈していました。その時点で見れば、診断基準にぴったり当てはまる感じだったと思います。しかし、そのような教科書に書いてあるような典型的な状態像は、時間経過の中でどのように変化するのでしょうか。もしも脳の障碍から直線的にそのような状態像がもたらされているのなら、脳の障碍が改善されない限り、状態像に大きな変化は期待できないはずです。しかし、多くの自閉症圏の子どもは診断後の時間経過の中で、たいていは状態像の大きな変化を見せます。Sくんも例外ではありませんでした。院生のHさんは、現時点では、いわゆる健常な子どもに比べればいろいろな点で違うところはあるだろうけれども、実際に関わっていて、3歳ごろのような関わりにくさは今はあまり感じ

られないこと、こちらが分かろうと努めれば、かなりの点でＳくんが何を求めているか分かるようになったこと、一緒にいて何か取り付くしまがないという感じはもうなくなったことを述べ、少なくとも自分とＳくんとの関わりの中では「障碍がある」という実感はなくなったとまで述べています。

　おそらく第三者から見れば、Ｓくんには健常児との違いは明らかにあるでしょうが、身近に暮らしていると不都合はそれほど感じなくなったのだと思います。Ｓくんが分かり易く変化したのか、関わる側の間口が広がって関わる側にＳくんが分かり易くなったということなのかは判然としませんが、とにかく３歳ごろの関わりにくさが大幅に変化し、そこにＳくんの言語表現も入ってきて、随分と関わりが取り易くなったというのは、幾分割り引いて考えても、まず間違いないところではないでしょうか。エピソードを読んでも、確かに、独特の世界を持っているらしいことは分かりますが、同時に、かなりＳくんの世界が見えてきて、関わる側に関わり易くなったというのはあると思います。

　そこから翻って考えれば、関係を取りにくいと大人の側が思っていたあいだは、Ｓくんも分かってもらえないと思うことが多かったに違いなく、関わり手が分かり易くなったと思えるようになったことは、Ｓくんにとっても周りの大人が分かり易くなったということでしょう。いずれにせよ、いわゆる「発達障碍」の子どもは時間経過の中で状態像を変化させていきます。そしてそこに、発達障碍の「障碍」を、発達性の障碍（時間経過の中で累積されていく障碍）と関係性の障碍（関係の難しさの中で拡がりをもっていく障碍）との両面を考えなければならないと私が主張している理由があります。

　これまで、診断の入口のところでの診断基準が前面に出て、状態像が時間経過の中で変容することについては必ずしも十分に議論されてきませんでした。現時点で示される負の状態像がすべて脳の障

碍からくるような乱暴な議論だけは避けて、脳の障碍から派生するのだろうと思われる世界の知覚の仕方の特異性が、周囲の対人関係に難しさをもたらし、その困難が、子どもにも関わる側にも「生きにくさ感」や「困り感」を生みだして、それが時間経過の中で累積する面（発達性の障碍）と、関わりの中での困難が拡がる面（関係性の障碍）に結びつく結果、現時点での状態像がもたらされたのだという、障碍についての関係発達論的な理解を考慮してみてはどうかと思います。

関係障碍の概念から保護者の問題を考える

「関係障碍」という概念そのものはいろいろな研究者が用いますが、親の関わり方が負の様相をもつので子どもに負の状態がもたらされるという意味合いで使われることが多いように思います。しかしそうだとすると、まるで親が悪者で、親のせいで子どもに負の状態がもたらされたかのように聞こえますが、私の言う意味での関係障碍は、子どもの障碍を起点に、関係をもつ営みそのものが難しくなって、それゆえ双方に負の状態が生まれることを言うものです。どちらが原因でどちらが結果だという議論ではありません。

このエピソードの場合も、院生のHさんは自分がSくんのもとに感じることが、なぜ母親に感じ取れないのか、叔母であるからかえってイライラ感も募り、いつのまにか叔母を悪く見るようなところも生まれていたようです。それに対して私は、おそらくそれはSくんが幼い時から積み重ねられてきたSくんとの難しい関係の中で、お母さんにはそうするようにならざるを得なかった面があったのではないかとHさんと話し合ってきました。3歳までのところで、ごく普通に関わったのでは関わりが取れない場面が無数にあり、関わりを取ろうと焦ればますますイライラが募って、そうならないためにはSくんとのあいだに距離を置き、そこで何も感じな

いようにするしかないところに自然に追い込まれ、それがいつのまにか「作られた症状」になって、現在に及んでいるところはないかと私には思われたのです。これはこれまで私が障碍のある子どもをもつ何人もの親御さんたちと交わした対話の経験の中から導かれた一つの仮説だと言えば仮説です。つまり、関係の取りにくさというのは、双方に負の経験として累積され、かつまた拡がる可能性があり、それが双方の現在の状態像に深く関わっているのではないかということです。

　このことが上の二つのエピソードにも窺えるように思われました。お母さんがSくんの言うことを聞いていなかったり、取り合わないことがあったりすることを、院生のHさんはいぶかしく思っているところがありました。Hさんの卒業論文に取り上げられた3歳頃の様子からすれば、何を言いたいのか分からない、何を求めているのか分からないというお母さんの苛立ちは、とても強かったに違いありません。その分かりにくさへの苛立ちを抑えるためには、いつのまにか「取り合わない」「聞かない」態度が一種の防衛機制として作り出されていった可能性があります。ここではこれ以上立ち入ることはできませんが、事例研究は本来、そういう障碍のある本人に関わる人の心の襞にまで分け入るようなアプローチが必要なのではないでしょうか。これも、手前味噌を憚れずに言えば、そこに迫るには、エピソード記述がその最上の方法ではないかと思われます。

「みんなとおなじ」への願いとその怖さ

　最後に、エピソード2から、Sくんが皆と同じように歯磨きできることもあること、できないと思われるのは嫌なことが分かります。Sくんの気持ちの中で「みんなとおなじ」という気持ちが生まれることは、集団の中で「私は私たちの一人」として生きていく上

で大事なことですが、それを手放しで喜んでしまってよいのでしょうか。手放しで喜ぶことの延長線上で、一つのことがこのようにできるようになったのだから、次はこれでしょう？というように、次々に健常な子どもと同じことを求め、「やればできる」式の発想をすることに引きずり込まれてしまったのでは問題です。

　もちろん、周囲の期待を感じたり、周囲と同じようにしてみたい気持ちが子どもの中に生まれたりして、子ども自身に「みんなとおなじ」を喜び、それを誇らしいと思うこと自体を問題にしようとしているのではありません。子どもの周りにいる大人として、子どもに「みんなとおんなじ」を求めて欲しい気持ちと、それが実現されればそれを喜ぶ気持ちが生まれるのは当然です。しかし他方では、やはりＳくんにとっては、音楽が圧迫するように迫ってくる場合があること、どうしても苦手なことがあることを、やはり周囲の大人は認めていく必要もあると思うのです。感覚的な苦手を感じているのに、それに耐えて、音楽に合わせて「シャカシャカ」できるのがよいことと単純に考え、ひたすらそれを子どもに求めていくことは、このタイプの子どもにとって随分と負担であるに違いありません。そのような子ども本人の内面の「生きにくさ感」や「困り感」を見つめることなく、皆と同じように振る舞えば賞賛を与え、健常な子どもたちの世界にひたすら馴化させようと求めることはどうなのでしょうか。

　ここから先は私の子ども観や価値観に関わりますが、自分には世界がこのように見え、それゆえこういう状況は不安を感じるし苦手だ、それを周りに分かってほしいし、分かってもらえるとやはり嬉しい、そのように思って生きている子どもがいわゆる「発達障碍」と呼ばれる子どもたちなのだと思います。そういう子どもの思いを理解しながら、子どもの中に結果として「みんなとおなじがいい」という思いが生まれたときに、その変化を周囲が喜ぶべきなので

あって、ひたすら「みんなとおなじ」になることを子どもに目標として求めるべきではないと私は考えます。Ｓくんのこの２つのエピソードはそのようなことを私に訴えかけているように思われました。

いま、自閉症圏の子どもの「特性」を明らかにして、それへの対処法を考えるアプローチが花盛りです。このエピソードからもうかがえるように、自閉症圏の子どもは確かに分かりにくいところがありますが、共に生活する中で徐々に「分かる」面が増え、当初の「分かりにくさ」が時間経過の中で変化してくることも確かなように思われます。そのような自閉症圏の子どもの内的世界の問題をしっかり理解するには、いま院生のHさんがやってみせたように、まずもって自閉症圏の子どもの生きざまを克明に描き出してみることが先決だと思います。

　これまでは目に見える一般的な状態像を描き出そうとして、類型ばかりに目が行き、一人ひとりの固有性が十分に明らかにされてきませんでした。しかも、テスト場面や実験室場面での行動だけが取り上げられ、生活の場の中で、しかも身近な対人関係の中で、子どもと関わり手の双方の「生きにくさ感」や「困り感」を中心にその機微を描き出す作業は、実は極めて乏しいのが現状です。いうなれば、「分かったような議論」を土台にして、それに屋上屋を重ねるような議論がこれまで重ねられてきたのではなかったでしょうか。その意味では、いまこそもう一度原点に戻って、生活の場の中で、子ども本人やその子に関わる大人が何に困り、何を苦手だと思い、何に躓いているかを、もう一度丹念に描き出す作業に精を出してみる必要があるように思われます。

参考文献
鯨岡峻（2011）『子どもは育てられて育つ』慶應義塾大学出版会

第 4 講

発達障害児の見立てと支援について
――心理アセスメントと支援のポイント――

大島　吉晴

発達障害児への適切な心理的支援を行うためには、発達障害児の障害特徴を詳細に把握したうえでの見立てが大切です。そこで、花園大学発達障害セミナー演習コースでは、まず、新しく改訂されたばかりのウエクスラー式児童用知能検査 *Wechsler intelligence scale for children – forth edition*; WISC-IV による心理アセスメントの概要を中心に、障害特徴に応じた適切な検査バッテリーの組み方についての基調講演を行いました。また、「発達障害児の見立てと支援について」をテーマにフロアの先生方を含めてディスカッションを行い、筆者は特に「心理アセスメントと支援のポイントについて」の指定討論も行いましたので、今回は、その指定討論で取り上げたWISC-IVなどの心理検査を活用するための心理アセスメントと支援のポイントについて述べることにします。

適切な見立てのための検査バッテリーについて

　発達障害児の適切な見立てを行うためには、まず、障害特徴に応じた適切な検査バッテリーを組む必要があり、その検査バッテリーの要点は表に示すとおりです【表1】。まず、子どもの発達レベルを考慮する必要があります。何を見立てるのかという内容も関係します。また、子どもが2回に分けて検査を実施できるのか、1回のみで実施しなければならないかも関係します。子どもの年齢や様子から、どの程度の量なら頑張れるかなどを考慮します。そのなかでわ

表1. 検査バッテリーの要点

- 対象児の年齢（発達レベル）は？
- 検査で何を見立てたいのか？
  　発達レベルや発達段階のテーマ、得意と不得意、就学支援、特異性、粗大・微細運動など
- どのように結果返しをするのか？
  　書面で（第1読者、第2読者、第3読者…）
  　口頭で（保護者？　教諭などの関係者？）
- 検査のためにとれる時間や対象児の体力や集中力は？
  　→正しく検査がとれる＋結果や返しの要点を考えながら検査を行う

れわれは支援に向けてバッテリーを組んでいくことになるので、「〜が行っているバッテリーがよい」という固定的なものではありません。置かれた状況や検査や集計報告書の作成などで確保できる時間、子どもの様子、組織やチームで求められていること、などの条件に応じて、臨機応変に考えることが必要となります。

　また、同じ検査を実施する場合も、検査時の励ましで頑張ろうという子どもの意欲や態度なども見立てていくことになります。

心理検査実施時の留意点について

　検査実施時の留意点として、次のようなことがあげられます。①検査の見通しをもたせる。②手作りの検査説明書などを、保護者や教師に手渡す。③対象児の年齢や能力に応じて、休憩時間を挟む。④休憩時間の打ち合わせも、コミュニケーション課題として行ってみる。⑤標準手続きの意味と目的を履修したうえで、補足的な実施も行ってみる。

　検査の見通しをもたせてあげたり、休憩を自分で決められるなどの条件を与えてみると、子どもが休憩を楽しみに頑張ろうとしたり、「あと三つ」など見通しを作るなど、子どもの態度も見立てることができます。このように、「どのように検査を実施していくか」も大事な要点となります。

　次に、「よい点数や結果を出すのが、よい検査者かどうか」ということを考えることも必要です。仮に、あなたがよく知っている子どもが、A組織で行った検査でIQ60だったとしましょう。その時

に「それはおかしい。私が同じ検査をしたら IQ80 は出せる」「よい点数を出せるのは、検査中によいかかわりをしている証拠だから。それがよい検査者だから」と、考えてしまう時期や段階は、誰でも一度や二度はあります。その時期や段階を乗り越えたら、その検査の意味や目的を理解し、検査そのものが規定している正しい標準的な教示やかかわりの範囲内でまず実施できるようになります。そのうえで「関わり方を〜としてみると、もっと子どもの力が発揮できるのかな？」と仮説をたててかかわる（限界吟味）ようになっていきます。

見立てのポイント

　見立てのポイント（検査結果）は表に示すとおりです【表2】。CHC 理　論 *Intelligence studies within foreign countries and the Cattell-Horn-Carroll Theory* の立場からの考え方も重要ですし、将来は脳の様々なエリアや機能の立場からも、評価することもできるようになるかも知れません。今、支援に向けて役に立つとしたら、得意を見つけ、苦手をカバーしていく方策を見立てたり、達成可能なら苦手な機能を鍛えてあげるために、見立てていく方法があります。その意味で、認知処理過程から見立てる考え方が一つあります。

　そして、枠組みのはっきりした場合と、枠組みがはっきりしない場合で、能力の発揮がどう変化するかを見立てる方法があります。枠組みがはっきりしている場合というのは、子どもが「今、何を、どうしたらよいか」が明確である場合です。枠組みがはっきりしない場合というのは、投影法検査のように「好きなように考えて」のように、「何をどうするか」がはっきりしない場合のことです。枠組みがはっきりしている場合の方が、力を発揮しやすい子どもも い

ますし、枠組みがはっきりしない場合に力を発揮しやすい子どももいます。

　行動表現では、身体を大きく動かす粗大運動、指先を使って細やかな動きや作業をする微細運動、加えて、ことばなどの言語表現の程度を見立てていくことになります。また子どもが見せるこだわりや、苦手から逃れようとする行動にも着目します。

表2. 見立てのポイント（検査結果）
1. 認知処理過程：同時処理能力と継次処理能力の格差
2. 情報処理回路：代表的なものは「視覚入力－作業出力」回路（見て作業する）と、「聴覚（言語）入力－言語出力」回路（聞いてことばで答える）
3. 枠組み（構造）と好み：枠組みのしっかりした検査（知能検査など何を答えるかが明確）と、枠組のあいまいな検査（投影法など自分で枠組みも考える）のどちらが、力を発揮しやすいか
4. 下位検査ごとの「得意」と「不得意」のパターンや格差の検討
5. 粗大運動と微細運動の程度
6. こだわり、苦手意識による拒否や回避の影響

　発達的には、2歳半あたりから発生してくるといわれる「ものとものを対で比べる」力が育ってきます。例えば、二つの物があると「どちらが大きいか」とか、「どちらが長いか」など、比べることができるようになります。この時期から「できる自分」と「できない自分」という「対」に気づき始めます。でも、「できない自分」を受け入れることができない。そこで発生するのが、苦手を感じると、その事態から逃れようとする「苦手意識の段階」です。仮に折り紙が苦手な子どもがいるとしましょう。その子どもに「折り紙してごらん」のように告げてみると、「いや！」と拒否して事態を逃れようとします。逆にいえば、この頃は得意なことを大事な人に見て欲しいという「ミテミテ現象」も見られます。

　この対の力が育ってくるにつれて、自分を軸として、「前と後」、「右と左」なども育ってきます。そして4歳半頃からは、三つ以上を比較できる段階に移行していきます。例えば「大きい順番に並べる」、「長い順番に並べる」などです。この段階に入ると、「自分はこれが苦手だけれど、こんな風に頑張ってみよう」というように、複数の視点から考えて対処し、自分で苦手を克服していこうとする、しようとする姿が育まれてきます。これら発達的な現象を踏まえて、検査場面で子どもがどのように拒否したり、苦手を示すのか

表3. 見立てのポイント（検査結果）

複数の検査間の成績の比較
・新版K式発達検査2001とPEP-R
・WISC-Ⅲ（Ⅳ）とK-ABC、WISC-Ⅲ（Ⅳ）とDN-CAS
・知能検査と描画
・知能検査と投影法
・知能検査とTOM 心の理論課題
・発達段階のテーマと各検査の成績

を見立てることも必要となります。その上で、子どもの置かれた状況を考慮し、子どもが「なぜその段階に退行しているのか」を見立てることも、支援を考える上で大切なことです。

　一つひとつの検査の結果を検討することに加えて、次に複数の検査結果の比較を行います。表はよく使う検査の組合せで比較する場合の例です【表3】。複数の検査を比べるときには、複数の指標や数量を考え合わせる作業となります。Aという検査のB指標がこうで、C検査のD指標がこうなら、こういう結果になるなど、多岐にわたる指標間の組合せを検討することになります。膨大な組合せがあるので、もし暗記科目のように覚えようとすると大変な労力になります。この時は、それぞれの検査項目のねらいや見立てる内容に注目しながら、共通したことがそれぞれの項目で出ているのか、逆の方向で出ているのかなどを、考えながら結果を検討し、仮説を作っていくことになります。検査者は検査の時だけでなく、検査の後も検査中に劣らないほど大変な労力を注ぎ込むことになります。

　第一次で実施した検査で特異な様相がみられたとき、さらに詳細に検討するために実施するのが、第二次検査バッテリーです。例えば一次検査で、AD/HD（注意欠陥／多動性障害）の様相に加えて、LD（学習障害）的な何かが示唆されたとか、PDD（広汎性発達障害）に加えて、子どもが悩み自信を失っているために、このままでは二次的な障害が発生するかもしれない場合など、心理社会的に子どもの将来にわたって、「障壁」として立ちはだかることがあるかも知れません。このように、もっと詳しく見立てて、今の間によい支援を行う必要があると考えられる場合も該当します。また脳機能上の問題や、基本的認識の仕方に問題が示唆された場合など、一次検査に加えて、詳細に検討する検査を行うことが重要な場合も多々あり

ます。それぞれの目的に応じて、新たないくつかの検査を実施することになります。子ども自身の努力もさることながら、子どもを囲む周囲の人たちが子どものことをもっと理解し、よいかかわりや支援を展開するためにも実施します。もし、神経心理学的な見地で脳機能上の問題が分かったときは、これまでと違う見地から支援方策やトレーニングを見いだせる可能性もあります。

支援のポイント

　支援に向けて大切なこととして、「短所改善型支援」と「長所活用型支援」があります。この「支援」ということばを「教育」に置き換えて考えてもよいと思います。「短所改善型」とは、例えば「今度の試験の中で、自分は国語が苦手だから、他の科目よりも国語を多めに勉強する」や、「水泳が苦手なので、プールに行って水泳の練習をする」のように、みんなが普通に取り組んでいる方法でもあります。「長所活用型」とは、得意分野を活かして苦手をカバーするという方法です。例えば大学に入学する時に何を専攻するか決めたり、就労する時にどの職種を選ぶかという場面では、自分の得意分野を活かすようにすることが多いと思います。

　大事なことは、「短所改善型」の取り組みは「努力によって達成可能なこと」に限る必要があります。極端な例ですが、例えばオリンピック級の選手が沢山いるところで、指導者から「君は100mを9秒で走れない。足が遅いのは君の欠点だ。だから100mを9秒で走れるように練習しなさい」と言われたとします。多分、普通の人でしたら一生トレーニングしても、達成できるものではありません。もし、他の趣味も勉強も交友関係も、全て犠牲にして長年練習ばかりしているとすると、自分自身に対する自信も失い、価値を失

表4. 支援上の配慮ポイント
・自信をもたせる
・見通しをもたせる
・自律性を高める
・援助の仕方を工夫する
・適切な要求水準が設定できるように支援する
・通常は1の能力で、1.2程度の目標（1：1.2）が適切と言われている

い、応援してくれているコーチも家族も友人も、疲れ果ててしまうことでしょう。達成不可能なことを「短所改善型」で取り組むと、当人も周囲の人も疲れ果ててしまうことになります。「短所改善型」は努力により達成可能なことに限るわけです。

　例えば、「風邪を引いた」は多くの場合、しばらく静養すると治癒します。一方、「障害」は完全に治癒することがない場合に付けられます。よって「障害」に類することがある場合、「長所活用型」の取り組みがためされます。この見方で考えると、学校の先生方や多くの支援者は、子どもの様子から、何については「短所改善型」で、何については「長所活用型」の教育支援や生活支援をするかを考えておられることになりますし、これを相互にしっかりと打ち合わせ、共有していくことがとても大切になります。子どもが大きくなると、子どもにも伝え理解させ、受け入れさせることも大切になります。

　支援やかかわりにおいて気をつけなければならない大切なことをお話します。例えば、級友が普通にできることが、落ち着けない、集中できないことが関係して、ある子どもは努力してもなかなかできないとします。それでも、できないことをその子どもが周囲から強要され続けたり、できないことで叱責を受け続けたりすると、その子どもは自信をなくしてしまい疲れ果て、ときには達成をあきらめて居直ってしまい、二次障害を起こしてしまいます。検査場面でもふとしたことで、このような状態や今後このような状態になる可能性を垣間見ることもあります。

　支援上の配慮ポイントは表4に示すとおりです。まず、「成功体験を積ませる」ということで、子どもが「やればできることもある」、「頑張っていることを認めてもらえるのは本当に嬉しいことだ」と思えるようになることは、とても大切です。子どもが自信を

もち、達成可能な目標を先生や保護者と共有し、頑張りが見守られることがとても大事なことになります。また、「見通しをもたせる」ことやその方法の一つとして「視覚支援をする」なども、子どもに「今、何をすればよいか」、「どうなれば終わるか」、「次に何をすればよいか」がわかり、子ども自身が見通しをもって自律的に取り組めるように育てることが大切です。さらに、支援上の配慮として、現実能力を理解し、適切な目標を作れるようになれることは、子どもが自分で考え計画し達成していく力をもつために、とても大切な育みとなります。現実の力を「1」とすると、「1.2」が目標なら、努力により達成できることでしょう。

　かかわり方ですが、「跳び箱跳び」を例にお話します。例えば、「〇〇くん、君は今日頑張って跳び箱を4段跳べたね。頑張って練習して、来週は何段跳べることを目指す？」のように、尋ねてみます。もし彼が「8段！」と言ったりしたら、まだ自分の実力が判っておらず、目標の立て方も知らないことになります。もし彼が「今回4段だったけど、来週5段だったら頑張れるかな」と考えて答える場合は、現実と目標が「1：1.2」に近く、目標の達成が可能かも知れません。この例で、もし先に答えた「8段！」の場合に、「それは無理だ」などとは言わずに、「そう、頑張ってね」のように一旦は彼の決定を受け入れてあげることがポイントになります。来週になり、実際には8段が跳べなかったときにも批判しないで、再度、「次は何段を目指す？」と問いかけてあげることで、彼自身が自分の能力や来週までの努力でどの程度のことが目指せるか、どの程度なら目標として適切か、自分自身の経験を鑑みながら理解していくことでしょう。そして、適切な目標を抱き達成できたときに、「〇〇くん、君はきちんと自分で努力する目標を立てて、頑張って目標を達成したね」と、具体的にことばで認め、誉めてあげます。このように、子ども自身の努力や頑張りを認めるかかわりを通して、子ども

は目標の立て方や日々の頑張り方、認めてもらい一緒に喜んでもらえる嬉しさを経験していくことでしょう。こういう育ちをしていく子どもは、「やればできる」という意欲や適切な自信をもち、少々つらいことがあっても、努力していけるための下地となる自己尊厳性を培っていけることでしょう。

　主体性を育む方法として、質問法にもいろいろあります。子どもが自己決定や自己表現できるレベルに応じて、質問のレベルを工夫します。例えば、何を食べるかを尋ねる場面で考えると、「何を食べる？」と尋ねたときに、食べたくても自分で決められない子どもだったとします。はじめに「親子丼食べる？」のように、子どもが「はい、いいえ」で答えられる、もっとも答えやすい閉鎖質問法を投げかけてあげる方法があります。次の段階として、例えば「親子丼食べる？それとも、ラーメン食べる？」のように、選択肢から選べる択一法で質問すると答えられる段階が、次に「親子丼食べる？ラーメン食べる？　それとも他の物が食べたい？」のように、「択一法＋R」の質問を、最後に「何食べる？」のように、子どもが文章や単語を自分で考えて答える開放質問法で投げかけてあげる方法があります。このような質問のレベルを少々工夫するだけでも、子どもの自己決定の仕方を育むことができます。これは単にことばが上手になることを育むのではなく、子ども自身が自分が何を望んでいるかに気づいていくという、自分への気づきを育む方法でもあります。答えられない子どもの中には、単に内気なだけではなく、単にことばの表現方法が苦手なだけでなく、実は自分のことが判っていないという場合も多々あります。これも子どもの心を育てる、あるいは自我形成を育む方法の一つです。

　先ほど、苦手なことから逃れようとする子どもの話をしましたが、このときもかかわり方のポイントがあります。例えば、「折り紙する？」のように子どもに問いかけたときに、実は苦手を感じて

いるために「いや！」と拒否したとします。その時は無理強いせずに、「うん、いいよ」と、まず子どもの意思決定を受け入れてあげます。その次に、「ところで、この赤い折り紙が好き？それともこの青い折り紙が好き？」と、対の質問、択一法で尋ねてあげます。すると、時には「こっち」と一方の折り紙を選び、その折り紙で遊び始めることがあります。これは子どもが誤魔化されたのでしょうか？実はこの時期は自分が決めたことを、自分にとって大切な大人がどれだけ受け入れてくれるかが気になってきているという自我形成の課題が進んでいます。即ち「いや！」の中に、受け入れてくれるかどうかを試している場合があります。そこで大人が「うん、いいよ」と受け入れてくれたこと、また次に折り紙をどちらか自分が選んだという事実も「うん、いいよ」と受け入れてもらえた。子どもは2回も自分の決定を受け入れてもらえたことになります。もう、これ以上、拒否で大人を試す必要がない。そこで安心して折り紙で遊び始める場合があります。また、子どもが苦手意識で「いや！」といった場合に、「うん、いいよ。一緒にしようか？」と投げかけてあげると、安心して折り紙を始めることもあります。「一緒にする」ということで、子どもに勇気が湧いてくる場合もあります。

　検査も同じで、検査中や検査が終わった時に、ちょっとした会話の中で子どもの頑張りを労い、子どもの努力を認めるだけでも、子どもの意欲が大きく変わることが多々あります。頑張りを認めてもらえる喜び、気づいてもらえる嬉しさがさらなる子どもの意欲を育むという場面もよくあります。子どもや人というものは、叱られたり怒られて育つよりも、頑張りやよいところを認めてもらい、理解してもらって育つものだと、つくづく思う場面でもあります。

向き合い上のポイント

　子どもの保護者、担任の教師、関係機関のスタッフなどの対象者に向き合い、助言をしなければならない立場の方も多いと存じます。この向き合い上のポイントをまとめたのが、表5に示すとおりです。まず、「右を左にしなさい」のような物の言い方をするよりも、一つの方法として、まず対象者の方が話すことの中から、対象者自身が気づいていないよいところを見つけ、それを評価することがポイントとなります。実は話す本人が気づいていないことのなかに、よいものがたくさんあります。例えば、対象者が保護者で「つい子どもを強く叱ってしまいます」のような話が続いていたとします。この時に、「〜という配慮をして、はじめは叱らずに接してあげたのですね。○○くんが自分で考えたり気づいていく場を提供してあげたのですね……」のように告げると、保護者も「言われてみれば、確かにそうだった」と自分自身が行っていた配慮や優しさに気づくということも多々あります。

　また、私は専門家というのは、「相手以上に、相手のよさを具体的にわかり、それを正しく伝えられる人」と思っています。特に教育関係者や心理関係者は、こういう力が必要です。

　それから、対象者の話をしっかりと最後まで聞くこと、これも大切となります。多くの人は意外に、最後までしっかりと話や悩みを聞いてもらった経験が少ないものです。これは子どもにも言えることです。意外にそういう経験が少ないものです。しっかりと対象者の話を聞き、話の要点やその時の対象者の気持ちを返してあげる心理学的カウンセリングの反射法や、大事なポイントをまとめる要約法で、「〜ということですね」と告げるだけでも、対象者の方から

表5. 向き合い上のポイント

- 対象者（保護者、教師、関係機関スタッフ）はそれぞれ課題や悩みを有している。まずそこに焦点を当てた対話を心がける
- 専門家とは、「当人以上に当人のよさを具体的に発見し、励ますことが出来る人」
- 検査結果の説明の中で、相手が使ったことば、話したイベントなども盛り込んで、具体的に説明していく
- 今特に何を伝えなければならないか？を単に口頭だけでなく、相手にも分かるように視覚化すると、要点が双方にとって分かりやすい

「そうそう！　先生そうです……」や、「それ！　それです……」のように、「分かってもらえた」という思いをもたれることが多々あります。こういうときには、「ああしなさい、こうしなさい」的な言い方をしなくても、問題解決が進んでいくことが多く見られます。関係機関の方、例えば教育関係や福祉関係の方が対象の場合は、特にこの対応が大事になります。彼らの多くは「100点満点の対応ができて当たり前！」であり、たとえ99点のことをしても、場合によっては足りない1点を責められるという厳しい世界で生きておられます。単にできて当たり前ではなく、如何に多くの素晴らしい着眼点をもち、かかわっておられるのかを具体的に言語化していくことが、問題解決や子どもへのよきかかわりの上で大変重要になってきます。

　また保護者の方々と話すときも、例えば側にホワイトボードがあれば、要点だけでも書きながら話を聞いたり、手元にカードがあれば相手の方の話の要点を記入しながら相手の方に並べるなど、視覚化したり図式化すると、大変有用な話し合いができることがあります。何度も同じ話や同じポイントを繰り返す方の場合も、視覚化することで安心されたり、すでに自分がその話やポイントを告げたことを気づき自覚され、次に話が展開するということもよくあります。視覚化あるいは視覚支援は、発達障害児支援のためだけの方法では決してありません。われわれとてそうですから。

　最後に、保護者への向き合いのポイントは、表6に示すとおりです。先に話しましたように、しっかりと話を聞くこと、抽象的なことも「例えば〜」のように、具体的なことに換言して話を聞くことが大切となります。また保護者も社会人です。置かれた状況や立場ゆえに苦しんでいることも多いと思います。問題を感じるくらいに

表6. 保護者への向き合いのポイント

抽象的に語る悩みを「例えば〜」のように、具体的に聞いていってあげる→
まさに臨場感あふれる…
- 対象児を巡る悩みであっても、母から見れば、嫁ぎ先の祖父母との関係、父との関係、近所や地域の文化など、絡みのなかで出現した問題も多い
- 話しを聞き、反射法や要約を行いつつ、「何については今ここで」「何については今後担任が」「何については当該機関で」「何については関係機関連携で」を、自分なりにまとめていく
- 複数の発達障害児を抱える家庭も多い。それぞれの児について、それぞれが助言しても、その家では対処していけない。全体として可能な方法を考えていく。

　わが子をきつく叱り続ける母も、実は家族や地域の人間関係の中で、周囲に望まれるように子どもをコントロールしなければならなかったという事情をおもちの場合もあります。単に「こうしなさい。ああしては駄目です」のような助言以外の方策を必要とする場合もあります。子どもが発達障害の問題を抱えている場合、実は兄弟姉妹も発達障害の問題を抱えている場合も多々あります。もし、それぞれの子どもに対して、別々の機関が保護者に「○○ちゃんには、〜と関わってあげて下さい」とバラバラに言われると、家族としてかかわっていけないという場合も出てきます。また保護者で発達障害的な問題をもっておられたり、抑うつなど苦しんでおられる場合もあります。こういう場合は、それぞれの子どもにかかわっている機関が保護者と一緒に話し合いながら、全体としてあるいは家族として可能な方策や、保護者にも分かりやすく振る舞いやすい方法を考えていく必要があります。児童相談所やその他の機関で、相互連携を重視している所以でもあります。子どもの検査を行う場合も、これら支援に向けての観点をもつ必要があります。

おわりに

　今回は、「発達障害児の見立てと支援について」を、特に「心理アセスメントと支援のポイント」の点から述べさせていただきました。時間も短く、ことば足らずでありましたが、みなさまに何かしらお土産をもち帰っていただけたら幸いです。そのお土産は完成品ではなくて、あくまで「種」だと思います。もち帰って、土に蒔いて水をかけて育て、もしよい花が咲いたら、今度はみなさまが私たちや多くの人に教えていただけることを願っております。

第 5 講

発達障害児の心理アセスメント
―― 脳機能との関連について ――

小海　宏之

近年、小中学校では、文字の読み書きや算数などで特に困難を示す学習障害 *learning disorders: LD* や、持続性注意や衝動性の制御などで困難を示す注意欠陥／多動性障害 *attention-deficit/ hyperactivity disorder: AD/HD* や、知的障害がないにも関わらず、集団適応が困難で、トラブルが多いなどといった高機能広汎性発達障害 *high-functioning pervasive developmental disorders: HFPDD* が疑われる子どもが増えています。文部科学省初等中等教育局特別支援教育課 (2002 年) の調査では、知的発達に遅れはないものの学習面や行動面で著しい困難を示す児童生徒は 6.3% にも上るとされています。また、LD、AD/HD、HFPDD を含む発達障害は、障害の本質はそれぞれ異なりますが、高次脳機能障害とそれに起因すると思われる認知機能と情動の問題が共通して指摘されています (五十嵐、2007)。
したがって、発達障害児の心理アセスメントを行う際には、まず神経心理学的側面からの詳細な認知機能に関する障害理解が重要となり、ウエクスラー式児童用知能検査 *Wechsler intelligence scale for children: WISC* による全般的知的機能の評価がよくなされます。また、全般的認知機能の評価をするうえでは、脳機能との関連を考える必要性があります。
　そこで、花園大学発達障害セミナー演習コースでは、「発達障害児の見立てと支援について──心理アセスメントと支援のポイント──」をテーマにフロアの先生方を含めてディスカッションを行い、私は特に「脳機能との関連について」の指定討論を行いました。今回は、その指定討論で取り上げた内容を元に再構成して述べることにします。

成人の脳機能および高次脳機能障害

　発達障害の脳機能を考えるうえでは、これまでにわかっている成人の脳機能および高次脳機能障害を理解しておくことが大切です。そこで、大脳辺縁系と大脳皮質連合野と皮質下組織の関連をまとめたのが図のとおりであり（川村、2007）【図1】、参考となるでしょう。また、リハビリテーションの領域における、これまでの脳機能に関する知見を高次脳機能障害の見取図としてまとめられたものに（里宇、2010）、私が各症候群における主徴を加筆したものが次の図です【図2】。ここに示されている高次脳機能障害（巣症状）と脳領域との関連は、脳機能の基礎知識として重要です。

　さらに、記憶と関連する脳構造とその連絡路として、Papezの回路（内側辺縁系回路：海馬－脳弓－乳頭体－視床前核群－帯状回－海馬）とYakovlevの回路（外側辺縁系回路：扁桃体－視床背内側核－前頭葉眼窩皮質－鉤状束－側頭葉前部皮質－扁桃体）について（川村、2000）、長期記憶のモデルとして、意味記憶およびエピソード記憶と側頭葉内側部および間脳、手続き記憶と線条体、プライミングと新皮質、古典的条件付けと情動反応－扁桃体、筋骨格系と小脳、非連合学習と反射系について（Squireら、1996）、前頭葉－皮質下回路と臨床的行動変化として、背外側前頭前野皮質－尾状核（背外側）－淡蒼球（外側背内側）－視床（前腹側と内側）と遂行機能障害、外側眼窩皮質－尾状核（腹内側）－淡蒼球（背内側）－視床（前腹側と内側）と脱抑制、前部帯状回皮質－側座核－淡蒼球（吻側外側）－視床（内側）とアパシーについて（Cummings, 1993）などの知見も参考となるでしょう。

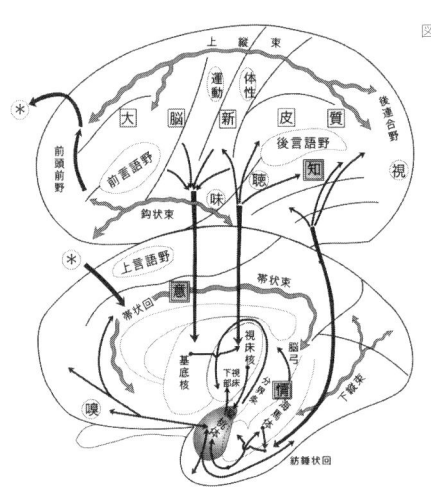

図1 大脳辺縁系と大脳皮質連合野と
皮質下組織の関連（川村、2007）
（左：前方、上：外側面、下：内側面）

発達障害に関連する近年の脳機能研究

　発達障害に関連する近年の脳機能研究は、めざましく発展を遂げてきており、そのうちのいくつかをここで取り上げてみます。

　まず「こころの理論」(Baron-Cohen, 1985) に関する自閉性障害の研究では、自閉症者では「心の理論」課題を遂行中に前頭葉の機能障害が認められますが、上側頭回が代償している可能性があり(Baron-Cohen, 1999)、健常者では「心の理論」課題を遂行中に陽電子放射コンピュータ断層撮像 *positron emission tomography: PET* で左半球前頭葉内側面（Brodmann 8野と9野）が賦活される (Flecherら、1995)、一方、アスペルガー症候群 *Asperger syndrome: AS* 者では健常者と異なる部位である、前頭葉腹側部（Brodmann 9野と10野）が賦活されるなどが報告されています (Happéら、1996)。したがって、AS を含む HFPDD 児では、「こころの理論」課題を全く受け付けないのではなく、健常児とは少し異なる処理をしている可能性が考えられています。

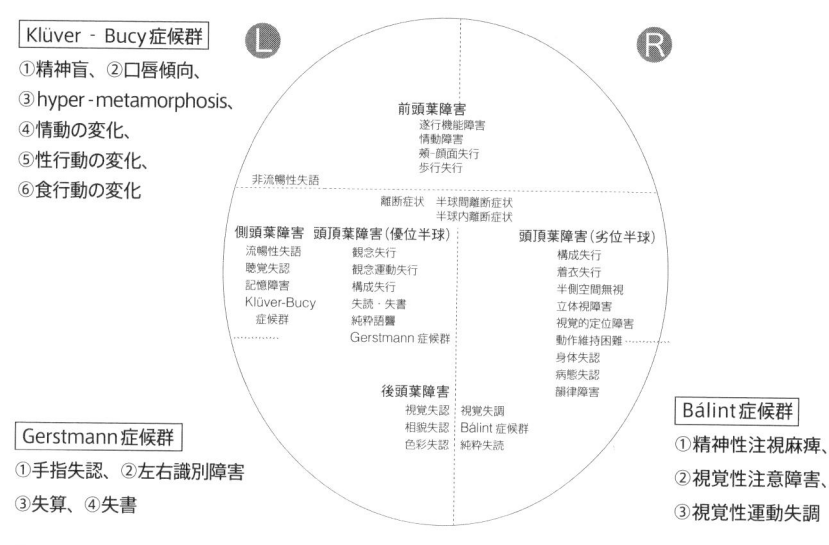

```
Klüver‐Bucy症候群
①精神盲、②口唇傾向、
③hyper-metamorphosis、
④情動の変化、
⑤性行動の変化、
⑥食行動の変化
```

```
前頭葉障害
 遂行機能障害
 情動障害
 頬・顔面失行
 歩行失行
非流暢性失語
     離断症状 半球間離断症状
          半球内離断症状
側頭葉障害 頭頂葉障害(優位半球)   頭頂葉障害(劣位半球)
 流暢性失語   観念失行          構成失行
 聴覚失認    観念運動失行       着衣失行
 記憶障害    構成失行          半側空間無視
 Klüver-Bucy  失読・失書        立体視障害
 症候群     純粋語聾          視覚的定位障害
         Gerstmann症候群     動作維持困難
                          身体失認
                          病態失認
                          韻律障害
     後頭葉障害
      視覚失認 視覚失調
      相貌失認 Bálint症候群
      色彩失認 純粋失読
```

```
Gerstmann症候群
①手指失認、②左右識別障害
③失算、④失書
```

```
Bálint症候群
①精神性注視麻痺、
②視覚性注意障害、
③視覚性運動失調
```

図2　高次脳機能障害の見取図
(里宇、2010)(なお、小海により各症候群における主徴を加筆)

　また、自閉症者に多く認められるオキシトシン受容体遺伝子多型と共感性およびストレス耐性との関係として、オキシトシン受容体遺伝子多型 rs2254298A を多くもつヒトは、そうでないタイプの遺伝子をもつヒトと比較して、共感の的確性や共感傾性が低く、恐怖予感時の心拍数やストレス反応傾性が高いことが報告されています (Rodriguesら、2009)。さらに、自閉症者では、健常者と比較して、下前頭回弁蓋部の体積減少がみられ、これが他者への協調や共感に関わる対人コミュニケーションの障害に関与し、さらにオキシトシン受容体遺伝子多型 rs2254298A を多くもつヒトは、そうでないヒトに比べて、他者の表情の理解や共感に関与する扁桃体が大きく、近年注目されるオキシトシンによる治療の可能性を支持すると報告されています (Yamasakiら、2010: Inoueら、2010)。

　AS の脳画像研究としては、AS の一卵性双生児のどちらも左上側頭溝、左紡錘状回、右前頭前野の体積が有意に小さく、うつ病を合併していた双生児のみ右扁桃体の体積が有意に小さかったと報告されています (Yamasueら、2005)。また、成人 AS では、語流暢性課題

成績は健常群と変わらないのに、近赤外線光トポグラフィー *near-infrared spectroscopy: NIRS* で前頭前野の活性化が認められないと報告されています (Kuwabaraら、2006)。

　AD/HDの脳機能研究としては、単光子放射コンピュータ断層撮像 *single photon emission computed tomography: SPECT* による研究では、前頭葉における血流の低下が指摘されており、また中枢神経刺激剤の投与によって改善することが報告されています (Amenら、1997)。また、ドーパミンを指標として行ったPETによる研究では、前頭前野および線条体（尾状核、被殻）における代謝量が低下しており、特に男性で顕著であるとされています (Ernstら、1998)。また、機能的核磁気共鳴画像 *functional magnetic resonance imaging: fMRI* による研究では、前部帯状回において、正常群に比べてAD/HD群では活性化が低いと報告されており (Durstoneら、2003)、AD/HDでは、ドーパミントランスポーターが過剰な伝達障害により、多動や集中障害が生じるとの仮説が定説になりつつあります。そこで、メチルフェニデートの作用機序は、ドーパミンに対するリガンドとして作用して、過剰なドーパミントランスポーターを制限するので、効果が現れると考えられています。

脳機能の基礎知識

　近年、めざましく発展を遂げた脳画像、脳機能画像研究の知見と、これまで私が出合った症例を俯瞰して、大脳外側面および大脳内側面における重要な脳機能局在としてまとめた図を示します〔図3〕〔図4〕。

　まず、大脳に関しては、右手利きで右脳が劣位半球、左脳が優位半球であると考えられるヒトの右脳は空間や情操、左脳は言語や論

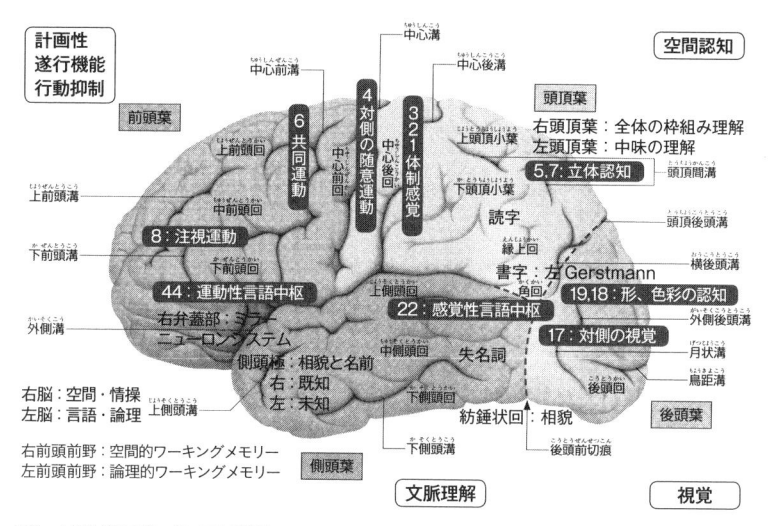

図3 大脳外側面の葉、溝、回と脳機能
(原、2005)(重要な脳機能局在は小海により加筆。
なお、脳機能局在における番号は、ブロードマンの脳地図における領野番号である)

理に関する認知機能に深く関与しています【図3】。

　大脳の4葉については、前頭葉の背外側面周辺領域は、計画性、遂行機能、行動抑制、頭頂葉は空間認知、側頭葉は文脈理解、後頭葉は視覚に関する認知機能に深く関与しています。なお、レビー小体型認知症者は、しばしば右頭頂葉におけるレビー小体の沈着により、視空間認知における全体の枠組み理解の困難さ、アルツハイマー病者は左楔前部および頭頂葉周辺領域の機能低下による視空間認知における中味の理解の困難さが生じやすいです。

　前頭葉の右前頭前野は空間的ワーキングメモリー、左前頭前野は論理的ワーキングメモリーに関する認知機能に深く関与しています。特に右前頭前野は、アメリカなど銃社会では、拳銃による自殺未遂の際、ためらいによりこの部位を損傷することが多く、そのような症例における人格変容がその後、問題となりやすいです。4野（運動野）は対側の随意運動、6野（補足運動野）は共同運動に関する認知機能に深く関与しており、中大脳動脈の脳梗塞により、この領域は損傷を受けやすく、対側の運動機能の上下肢麻痺がよくみられ

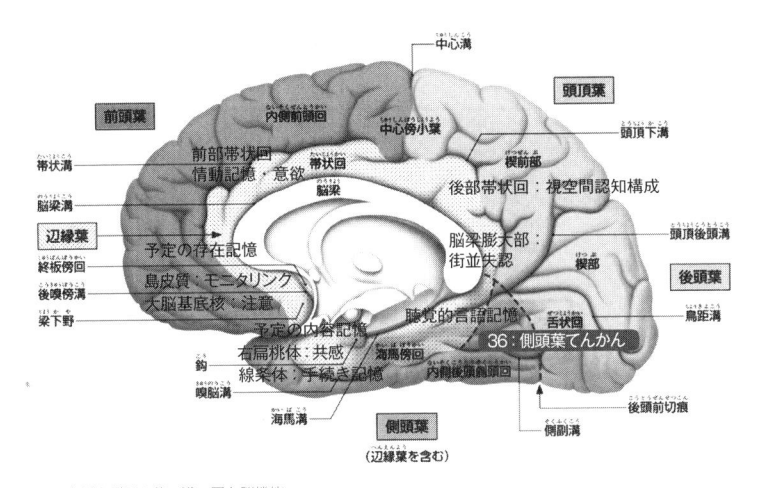

図4 大脳内側面の葉、溝、回と脳機能
(原、2005)（重要な脳機能局在は小海により加筆。
なお、脳機能局在における番号は、ブロードマンの脳地図における領野番号である）

　ます。8野は注視運動、44野は運動性言語に関する認知機能に深く関与しており、44野における損傷が有名なブローカ失語です。右弁蓋部はミラーニューロンシステムに関する認知機能に深く関与しており、近年は広汎性発達障害との関連が指摘されています。また、AD/HDでは前頭前野や眼窩面、さらに中脳、小脳との関連も指摘されています。
　頭頂葉の5野および7野は立体認知、縁上回は読字、角回は書字に関する認知機能に深く関与し、近年は発達障害における読字障害（ディスレキシア）や書字障害（ディスグラフィア）との関連が指摘されています。そもそも人類学的にはヒトの長い歴史のなかでは、文字を使用し、読み書きの機能が重要になったのは、2000年にも満たないごく短い歴史です。そこで、元々、縁上回や角回の周辺領域も視空間認知に深く関与していた領域であったのが、文字を使用するようになり、ヒトはその機能のためにこの領域を活用するようになったと言われています。しかし、発達障害として読字障害や書字障害を示す者のなかには、優れた俳優や建築家などが多いという報告もあり、まさにこの周辺領域をイメージの統合および表現や視空

間認知に活かしている可能性が考えられるでしょう。また、右頭頂葉損傷により、しばしば左半側空間無視を生じますが、同部位の損傷による人格変容がその後、問題となることも多いです。さらに、左頭頂葉損傷による、①手指失認、②左右識別障害、③失算、④失書の4主徴を認めるのがゲルストマン症候群です。

　後頭葉の17野は対側の視覚、18野や19野は形や色彩の認知機能に深く関与しており、バリント症候群は、①精神性注視麻痺、②視覚性注意障害、③視覚性運動障害を3主徴としますが、アルツハイマー病者も重度になると全般的な大脳の萎縮が顕著となり、このような後頭葉機能障害もしばしば認めるようになります。また、紡錘状回は相貌の認知機能に深く関与しています。

　側頭葉の22野は感覚性言語に関する認知機能に深く関与しており、22野における損傷が有名なウェルニッケ失語です。側頭回は失名詞の障害との関連が深く、側頭極は相貌と名前のマッチングの認知機能に深く関与しています。特に、右側頭極は既知の相貌（見知ったヒトの顔）と名前のマッチング、左側頭極は未知の相貌（初めて会うヒトの顔）と名前のマッチングに関連します。さらに、左側頭葉の損傷による、①精神盲、②口唇傾向、③Hyper-Metamorphosis、④情動の変化、⑤性行動の変化、⑥食行動の変化の6主徴を認めるのがクリューバービューシー症候群です。

　内側面の前部帯状回は、情動記憶や意欲に関する認知機能に深く関与しており、高齢者の意欲の低下や近年の若者の引きこもりやニート、統合失調症者における意欲の低下などとの関連も考えられます。一方、後部帯状回は、視空間認知構成の認知機能に深く関与しており、初期のアルツハイマー病者において立方体透視図の模写における困難さと関連します。また、脳梁膨大部における機能低下は、街並失認との関連があり、側頭葉36野周辺領域は側頭葉てんかんとの関連があります。大脳辺縁系については、海馬傍回が記憶

中枢と言われるように、聴覚的言語記憶の認知機能に深く関与しています。扁桃体は情動中枢と言われるように、情動の認知機能に深く関与しており、特に右扁桃体は共感する能力との関連があります。ただし、情動機能といっても、大脳辺縁系は爬虫類でも持っている脳であり、いわゆる敵から襲われた時に、勝てると思えば戦い、負けると思えば逃げるというLeDoux (1996) の提唱する「低位経路（情動刺激が視床から直接扁桃体へ行く情報経路）」としての機能を担っています。近年、自閉症者は右扁桃体が大きいため敏感に外界からの刺激を恐怖体験と認知しやすく、オキシトシンの分泌の低下も指摘され (Inoueら、2010)、点鼻薬による薬物療法も始まっています。また、前頭葉腹内側部は予定の存在記憶、側頭葉腹内側部は予定の内容記憶に関する認知機能に深く関与しており、線条体は手続き記憶に関する認知機能に深く関与しています。さらに、大脳基底核は注意、島皮質はモニタリングの認知機能に深く関与しています。特に、大脳基底核における脳梗塞は、脳血管性認知症との関連が深いと言われています。一方、加齢とともに、前頭葉白質領域における小梗塞を有する者が増加しますが、同部位に多発性脳梗塞があっても認知機能に何ら影響を及ぼさない無症候性脳梗塞の場合も多いので、特に脳梗塞と脳血管性認知症との関連は神経心理学的アセスメントにより詳細に検討する必要があります。また、大脳基底核とAD/HDとの関連も深いと言えます。

　ところで、児童期の神経心理・臨床心理アセスメントの目的は、①発達障害のスクリーニング、②障害プロフィールの把握、③発達障害者支援法に関連する能力判定の補助的資料、④より適切な関わりのための一助と言えます (小海ら、2010)。

　そして、それぞれの目的に応じた心理アセスメントの報告書を作成するわけですが、その際に、私は神経心理・臨床心理アセスメントの結果から想定される図3および図4で示した脳と脳機能のマッ

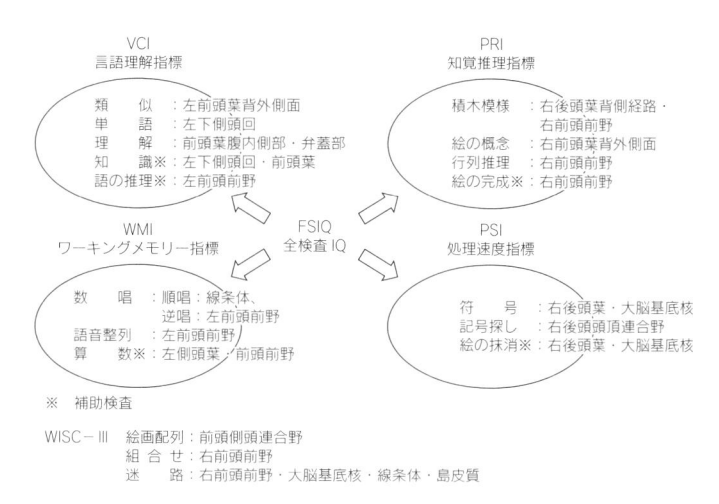

```
        VCI                                    PRI
      言語理解指標                             知覚推理指標
   類  似 : 左前頭葉背外側面          積木模様 : 右後頭葉背側経路・
   単  語 : 左下側頭回                           右前頭前野
   理  解 : 前頭葉腹内側部・弁蓋部    絵の概念 : 右前頭葉背外側面
   知  識 : 左下側頭回・前頭葉        行列推理 : 右前頭前野
   語の推理※: 左前頭前野              絵の完成※: 右前頭前野

        WMI              FSIQ                 PSI
    ワーキングメモリー指標  全検査IQ           処理速度指標
   数  唱 : 順唱:線条体、              符   号 : 右後頭葉・大脳基底核
            逆唱:左前頭前野            記号探し : 右後頭頭頂連合野
   語音整列 : 左前頭前野                絵の抹消※: 右後頭葉・大脳基底核
   算  数※: 左側頭葉・前頭前野

         ※ 補助検査
   WISC-Ⅲ  絵画配列 : 前頭側頭連合野
            組合せ   : 右前頭前野
            迷  路   : 右前頭前野・大脳基底核・線条体・島皮質
```

図5　WISC-Ⅳの合成得点と構成およびWISCの下位検査と脳機能との関係

プの全体像をイメージしてから、所見作成を行うよう心がけてきました。そうすることによって、全体像を見失うことなく、また、細かい脳機能は連合機能との関連も含めて考察することが可能となりますので、以上のような脳機能に関する基礎知識を念頭においたうえで、発達障害児の心理アセスメントを行うことが大切となるでしょう。

WISCの下位検査と脳機能との関連について

　発達障害児の心理アセスメントを行う際に、WISCによる全般的知的機能の評価がよくなされます。また、全般的認知機能の評価をするうえでは、脳機能との関連を考える必要性があり、WISC-Ⅳの合成得点と構成およびWISCの下位検査と脳機能との関係は次に示すとおりです【図5】。
　ただし、WISCの各下位検査は、一般的な神経心理学的課題とは

異なり、複雑な課題が多いため、各下位検査と脳機能との関連は連合野における機能や、より全般的な脳機能が関与すると考えられています。したがって、図5で示した各下位検査と脳機能との関連を1対1で解釈することは危険ではありますが参考にはなるでしょう。

おわりに

発達障害児の心理アセスメントを脳機能との関連について述べました。今回は特に神経心理学的な視点での心理アセスメントについて述べましたが、もちろんこれまでどおりの臨床心理学的な視点での心理アセスメントも重要であることに変わりはありません。さらに、今後は、さまざま発達障害との関連を明らかにするための基礎となる Bio-Psycho-Social なメカニズムの解明に関する研究が急務と考えられます。

文 献

Amen DG, Carmichael BD: High-resolution brain SPECT imaging in ADHD. Ann Clin Psychiatry, 9: 81-86, 1997.

Baron-Cohen S, Leslie AM, Frith U: Does the autistic child have a "theory of mind"? Cognition, 21: 37-46, 1985.

Baron-Cohen S, Ring HA, Wheelwright S, Bullmore ET, et al.: Social intelligence in the normal and autistic brain: an fMRI study. Eur J Neurosci, 11; 1891-1898, 1999.

Cummings JL: Frontal-subcortical circuits and human behavior. Arch Neurol, 50; 873-880, 1993.

Durston S, Tottenham NT, Thomas KM, Davidson MC, et al.: Differential patterns of striatal activation in young children with and without ADHD. Biol Psychiatry, 53; 871-878, 2003.

Ernst M, Zametkin AJ, Matochik JA, Jons PH, et al.: DOPA decarboxylase activity in attention deficit hyperactivity disorder adults: a [fluorine-18]

fluorodopa positron emission tomographic study. J Neurosci, 18; 5901-5907, 1998.
Fletcher PC, Happé F, Frith U, Baker SC, et al.: Other minds in the brain: a functional imaging study of "theory of mind" in story comprehension. Cognition, 57; 109-128, 1995.
Happé F, Ehlers S, Fletcher P, Frith U, et al.: 'Theory of mind' in the brain: evidence from a PET scan study of Asperger syndrome. Neuroreport, 8; 197-201, 1996.
原　一之：人体スペシャル：脳の地図帳，講談社，2005.
五十嵐一枝：発達心理学からみた発達障害．宮尾益知編：「気になる子ども」へのアプローチ：ADHD・LD・高機能PDDのみかたと対応，129-165, 医学書院，2007.
Inoue H, Yamasue H, Tochigi M, Abe O, et al.: Association between the oxytocin receptor gene and amygdalar volume in healthy adults. Biol Psychiatry, 68; 1066-1072, 2010.
川村光毅：精神医学の基礎となる知識，脳の形態と機能：精神医学に関連して．上島国利，立山萬里編：精神医学テキスト，12-29, 南江堂，2000.
川村光毅：扁桃体の構成と機能．臨床精神医学, 36; 817-828, 2007.
小海宏之，若宮英司：高機能広汎性発達障害児の神経心理・臨床心理学的アセスメント：特定不能の広汎性発達障害．花園大学心理カウンセリングセンター研究紀要, 4; 5-16, 2010.
Kuwabara H, Kasai K, Takizawa R, Kawakubo Y, et al.: Decreased prefrontal activation during letter fluency task in adults with pervasive developmental disorders: a near-infrared spectroscopy study. Behav Brain Res, 172; 272-277, 2006.
LeDoux J: The emotional brain: the mysterious underpinnings of emotional life. New York：Brockman, Inc. 1996. 松本　元，川村光毅，小幡邦彦，石塚典生ほか訳：エモーショナル・ブレイン：情動の脳科学．東京大学出版会，2003.
文部科学省初等中等教育局特別支援教育課：通常の学級に在籍する特別な教育的支援を必要とする児童生徒に関する全国実態調査, 2002［引用2011-11-3］
http://www.mext.go.jp/b_menu/shingi/chousa/shotou/018/toushin/030301i.htm
里宇明元：高次脳機能の評価．木村彰男編：リハビリテーションレジデントマニュアル第3版，47-53, 医学書院，2010.
Rodrigues SM, Saslow LR, Garcia N, John OP, et al.: Oxytocin receptor genetic variation relates to empathy and stress reactivity in humans. Proc Natl Acad Sci USA, 106; 21437-21441, 2009.
Squire LR, Zola SM: Structure and function of declarative and nondeclarative memory systems. Proc Natl Acad Sci USA, 93; 13515-13522, 1996.
Yamasue H, Ishijima M, Abe O, Sasaki T, et al.: Neuroanatomy in monozygotic twins with Asperger disorder discordant for comorbid depression. Neurology, 65; 491-492, 2005.
Yamasaki S, Yamasue H, Abe O, Suga M, et al.: Reduced gray matter volume of pars opercularis is associated with impaired social communication in high-functioning autism spectrum disorders. Biol Psychiatry, 68; 1141-1147, 2010.

著者紹介

滝川一廣　（たきかわ・かずひろ）
児童精神科医。学習院大学文学部教授。著書に『家庭のなかの子ども　学校のなかの子ども』（岩波書店）、『新しい思春期像と精神療法』（金剛出版）、『「こころ」の本質とは何か』（筑摩書房）ほか。

上野一彦　（うえの・かずひこ）
東京学芸大学名誉教授、大学入試センター特任教授。日本LD学会理事長、特別支援教育士資格認定協会副理事長、日本英語検定協会理事など。著書に『LDとADHD』（講談社）、『LDとディスレクシア』（講談社）、『LD教授（パパ）の贈り物』（講談社）、『LDを活かして生きよう』（ぶどう社）など。

鯨岡　峻　（くじらおか・たかし）
中京大学心理学部教授。著書に『心理の現象学』（世界書院）、『〈育てられる者〉から〈育てる者〉へ』（NHKブックス）、『エピソード記述入門』（東京大学出版会）、『ひとがひとをわかるということ』（ミネルヴァ書房）、『〈共に生きる場〉の発達臨床』（ミネルヴァ書房）ほか。

大島吉晴　（おおしま・よしはる）
臨床心理士。京都府立心身障害者福祉センター、京都府立向日が丘療育園、京都府立こども発達支援センターを経て、現在、京都府立心身障害者福祉センターに勤務。発達障害児臨床、特別支援教育などに長年関わる。関西大学臨床心理士会顧問。

小海宏之　（こうみ・ひろゆき）
臨床心理士。花園大学社会福祉学部教授、同心理カウンセリングセンター長。著書に『高齢者のこころのケア』（共著・金剛出版）、『実践　糖尿病の心理臨床』（共著・医歯薬出版）ほか。専門は神経心理学的および臨床心理学的アセスメントである。

編者略歴

橋本和明（はしもと・かずあき）
名古屋大学教育学部卒業。家庭裁判所調査官として、名古屋・大津・福岡・大阪・静岡・和歌山の家庭裁判所を歴任し、大阪家庭裁判所主任家庭裁判所調査官を経て、現在、花園大学社会福祉学部臨床心理学科教授。
同大学心理カウンセリング副センター長。臨床心理士。

花園大学心理カウンセリングセンター　スタッフ一覧

研究員スタッフ	東牧子　荒木ひさ子　小川恭子　小海宏之　小谷裕実　妹尾香織　丹治光浩　橋本和明
相談員スタッフ	荒井紫織　板野光男　植田賢　藤本麻里
研修員スタッフ	榊至恩　濱島紀隆
院生スタッフ	赤塚涼　上原浩輔　岡部佳世子　杉村大輔　高岡理恵　高垣桃絵　土井拓明　戸田成美　富田修司　永田沙織　中西充　中村祐輔　舟木真弓
事務員スタッフ	小川真由　塩見ゆかり

（五十音順）

花園大学発達障害セミナー4

発達障害支援の可能性
こころとこころの結び目

2012年7月20日　第1版第1刷発行

監修者……………………………………………
　　　　　花園大学心理カウンセリングセンター
編　者……………………………………………
　　　　　　　　　橋　本　和　明
著　者……………………………………………
　　　　滝川一廣・上野一彦・鯨岡　峻
　　　　　　大島吉晴・小海宏之
発行者……………………………………………
　　　　　　　　　矢　部　敬　一
発行所……………………………………………
　　　　　　　　株式会社 創 元 社
　　　　　　　http://www.sogensha.co.jp/
　　　本社 〒541-0047 大阪市中央区淡路町4-3-6
　　　　　　　Tel.06-6231-9010 Fax.06-6233-3111
　　　東京支店 〒162-0825 東京都新宿区神楽坂4-3 煉瓦塔ビル
　　　　　　　　　　　　　　　　Tel.03-3269-1051
印刷所……………………………………………
　　　　　　　　　株式会社 太洋社

©2012, Printed in Japan
ISBN978-4-422-11454-5 C3011

〈検印廃止〉落丁・乱丁のときはお取り替えいたします。

JCOPY　〈(社)出版者著作権管理機構　委託出版物〉
本書の無断複写は著作権法上での例外を除き禁じられています。複写される場合は、そのつど事前に、(社)出版者著作権管理機構（電話 03-3513-6969、FAX 03-3513-6979、e-mail: info@jcopy.or.jp）の許諾を得てください。

―― 花園大学《発達障害セミナー》シリーズ既刊 ――

発達障害を正しく理解し
真に「当人の為になる対処」を見つけるため
多様なスタンスの専門家が、切々と、温かく語り説く

・・・・・・・・・・・・・・・・・・・

① 発達障害との出会い
―― こころでふれあうための一歩 ――

田中康雄・十一元三・亀岡智美・村瀬嘉代子〔著〕

A5判並製　160頁　2,300円+税

② 思春期を生きる発達障害
―― こころを受けとるための技法 ――

竹田契一・田中康雄・石川元
品川裕香・橋本和明・定本ゆきこ〔著〕

A5判並製　180頁　2,300円+税

③ 関係性からみる発達障害
―― こころとこころの織りあわせ ――

小谷裕美・佐々木正美・山中康裕
杉山登志郎・北山 修〔著〕

A5判並製　180頁　2,300円+税

―― 表示の価格に消費税は含まれておりません。――